世界名人非常之路

伽 利 略

实验科学研究的先驱者

许 杰◎编著

中国社会出版社

国家一级出版社·全国百佳图书出版单位

"世界名人非常之路" 编委会

主　　任：刘明山

编　　委：

周红英	王汉卿	高立来	李正蕊	刘亚伟	张雪娇
方士娟	刘亚超	张鑫蕊	李　勇	唐　容	蒲永平
冯化太	李　奎	李广阔	张兰芳	高永立	潘玉峰
王晓蕾	李丽红	邢建华	何水明	田成章	李正平
刘干才	熊　伟	余海文	张德荣	付思明	杨永金
向平才	赵喜臣	张广伟	袁占才	许兴胜	许　杰
谢登华	衡孝芬	李建学	贺欣欣	刘玉磊	王莲凤
刘振宇	张自粉	苗普平	卓德兴	徐文平	王翠玉

　　童年时代的夏夜，我和小伙伴们时常躺在家乡的草坪上，仰望着美丽的星空，偶尔还能看见流星划过，那时的欢呼与过后的惊诧至今仍历历在目。冬天的早晨，我们则常常流连于冰雪覆盖的小路，经常因堆雪人和打屋檐的冰凌锥而忘记了上学。当然，春天和秋天对于孩子们来说，更是大自然赐予最慷慨、最丰厚的时候。无论是春花的烂漫还是秋果的诱人，至今都是我心中最温暖的回忆。

　　随着年岁的增长，许许多多扑朔迷离的自然现象，构成了一个又一个神秘莫测的奥秘。自然界的事物不再只是心头美丽的驻足，而是慢慢地变成了诸多诱使我去探索的动力。幸好，学校的数、理、化、生物等课程给了我一些答案。但是，课本的知识毕竟十分有限，而阅读课外书籍给了我巨大的帮助。

　　在成长过程中，随着知识的增加，我的好奇心也越来越强，迫切地想要了解那些发明创造的过程和那些奇思妙想的主人。是谁捡到了那只证明了万有引力的苹果？是谁让漆黑的夜晚亮如白昼？是谁开启了工业时代的大门？又是谁让人类迎来了飞天的奇迹？是他们，站在科技前沿的科学家们，带着诸多疑问，不断地对我们生存的空间进行研究，渴求破译这充满超自然现象的世界。是他们一步步带领着我们进入科技时代。

　　茫茫宇宙中是否还存在其他智慧生物？如何科学地解释人体与自然的离奇现象？他们用不断探索的精神引领我们认知世界，辨别真伪。我们为他们的创造精神而感动，为他们的科研成果而骄傲，更为他们对人类的贡献表示由衷的感谢！

被逼"退学"的发明大王爱迪生，中国现代数学之父华罗庚，带给人类动力的发明家瓦特，太空探索的先驱者布劳恩，实验科学研究的先驱伽利略，为人类插上翅膀的莱特兄弟，放射性元素之母居里夫人……我们将这些科学家的故事汇集起来，编撰成册，希望能让读者朋友们全面了解他们的一生和那些与他们无法分离的伟大事迹，使大家从中有所收获。

就让我们一同走近这些科学家，了解他们发明创造背后的故事，让他们的成长历程启示我们；让他们的挫折坎坷激励我们；让他们的灵感火花指引我们，让我们站在巨人的肩膀上，走向更高的目标，实现更伟大的理想！

"世界名人非常之路"大型系列丛书之"科学家成长之路"篇，就是这样一套专门拓展中学生科学视野，提高科学素养的图书。让我们沉醉于神奇、瑰丽的大千世界之中，感受科技的强大，伟人的魅力，从而启迪智慧，丰富想象，激发创造，培养青少年热爱科学、献身科学的决心，以及热爱人类、保护环境的爱心。

丛书紧密结合当前中学教材中涉及的历史名人，以及物理、化学、生物、地理、天文、材料、医学、能源、环境、航空航天等多方面的科学知识。在这里，科学家的成功不再神秘，愿科学家的成长之路能够成为你开启成功之门的金钥匙。

年轻的朋友们，让知识为你们的梦想插上科学的翅膀吧！

人物简介

❧ 生卒与经历 ❧

伽利略·伽利雷（Galileo Galilei，1564～1642），1564 年 2 月 25 日出生于意大利的比萨。

伽利略是近代实验科学的先驱者，是意大利文艺复兴后期伟大的天文学家、力学家、哲学家、物理学家、数学家，被称为"近代科学之父"。

❧ 成就与贡献 ❧

伽利略是为维护真理而献身的不屈不挠的战士。恩格斯曾称他是"不管有何障碍，都能不顾一切地打破旧说、创立新说的巨人之一"。

伽利略是第一个把实验引进力学的科学家，他利用实验和数学相结合的方法确定了一些重要的力学定律。他是利用望远镜观测天体取得大量科学成果的第一位科学家。

伽利略一生坚持与唯心论和教会的经院哲学做斗争，主张用具体的实验来认识自然规律，认为实验是理论知识的源泉。

伽利略首先在科学实验的基础上融会贯通了数学、物理学和天文学三门知识，扩大、加深并改变了人类对物质运动和宇宙的认识。为证实和传播哥白尼的日心说献出了毕生精力。

为此，伽利略晚年受到教会迫害，并被终身监禁。他以系统的实验和观察推翻了以亚里士多德为代表的纯属思辨的传统自然观，开创了以实验事实为根据并具有严密的逻辑体系的近代科学。

伽利略著有《星辰使者》《关于太阳黑子的书信》《关于托勒密和哥白尼两大世界体系的对话》和《关于两门新科学的谈话和数学证明》等著作。

地位与影响

伽利略的科学发现，不仅在物理学史上而且在整个科学中都占有极其重要的地位。他不仅纠正了统治欧洲近两千年的亚里士多德的错误观点，更创立了研究自然科学的新方法。

后来，惠更斯继续了伽利略的研究工作，他导出了单摆的周期公式和向心加速度的数学表达式。

牛顿在系统地总结了伽利略、惠更斯等人的工作后，得出了万有引力定律和牛顿运动三定律。

伽利略留给后人的精神财富是宝贵的。

爱因斯坦曾这样评价："伽利略的发现，以及他所运用的科学推理方法，是人类思想史上最伟大的成就之一，而且标志着物理学真正的开端！"

为了纪念伽利略的功绩，人们把木卫一、木卫二、木卫三和木卫四命名为伽利略卫星。

人们曾经放言："哥伦布发现了新大陆，伽利略发现了新宇宙。"

目录

伽 利 略

伽 利 略

最后的岁月

附 录

幸福的童年

昨天不能唤回来，明天还不确实，而能确有把握的就是今天。今日一天，当明日两天。

—— 伽利略

出生于没落家族

在意大利的中部有一座美丽的城市，它就是著名的佛罗伦萨城。

蜿蜒向北的阿尔卑斯山是那样雄伟、那样壮观，它宛若一道天然屏障，在意大利与斯洛文尼亚、奥地利、瑞士和法国之间画出一道优美的界线。

文艺复兴之花最初就是在这里绽放，因此，这里又是欧洲文艺复兴的发源地。

这些自然的和历史的青睐，让这座花园城市到处充满了浪漫的气息，到处充满了独特的艺术魅力。

从 12 世纪起，一些神学家们把亚里士多德和其他一些古希腊学者的著作中，关于自然的一些知识与基督教的教义融合起来，把自然现象中的很多事情神秘化。

例如，他们把电闪雷鸣解释成是上帝对人类的警告，把狂风暴雨解释成是上帝对人类的惩罚。

他们还把亚里士多德的学说奉为金科玉律，任何一个研究者都不能对他的学说产生丝毫的怀疑，否则，就是对他的大不敬，就要受到宗教裁判所的惩戒。

在这种情况下，学者们只能故步自封，他们是从来不敢去怀疑这些信条的。他们只是在日复一日、年复一年地浪费时间，讨论一些无关紧要的东西，却不能让科学向前迈出半步。

在这个时候，文艺复兴运动拯救了人类，它使教会对科学的控制慢慢地减弱了。人们的思想开始逐渐解放，人们开始用正确的、客观

的态度来对待自然科学。

1543 年，波兰著名的天文学家哥白尼的《天体运行论》正式出版了。这部著作的问世，立刻掀起了轩然大波，使全世界都震惊了。

在《天体运行论》一书中，哥白尼正确地论述了地球绕着自身的轴心运转、月亮围绕着地球作有规律的运转、地球和其他所有的行星都围绕太阳运转的事实。

但是，他也和前人一样犯了同样的错误。那就是，他也严重地低估了太阳系的规模。

他认为，星体运行的轨道是一系列的同心圆，这在现在看来，显然是错误的。

哥白尼的学说里的数学运算很复杂，也很不准确。但是他的书立即引起了全世界的普遍关注，有些人甚至抱着极大的热情来关注。

其他一些天文学家也开始对行星运动作更为准确的观察。其中最著名的是开普勒，这位最终推导出星体运行的正确规律的伟大人物。

这一年，距离伽利略的出生只有 21 年。但是，就在《天体运行论》被宣布为禁书之前，一位意大利的学者布鲁诺，因为宣传日心说以及与罗马教廷相对立的宇宙观而被处以严酷的火刑。

这是一个以宗教为严厉桎梏的时代，但它同时又是一个充斥着反叛精神和大无畏的求实精神的时代，伽利略就在这样的时代应运而生。

伽利略的出生，也为佛罗伦萨的人杰地灵增添了一个有力的证据。

1564 年 2 月 25 日，伽利略出生于意大利西部偏北的一个小城市——比萨。

文艺复兴时期著名的艺术家米开朗基罗是在伽利略出生后三天逝世的，这也许是文艺复兴由艺术转入科学的一种征兆。

伽利略的家族，曾经是一个名门望族。这个家族曾出现很多杰出的官吏、艺术家和军人。但是，到伽利略出生的时候，这个家族却已经没落了。

伽利略的父亲文森西奥，曾经是一位非常出色的音乐家和数学爱好者。

文森西奥写过几本关于音乐理论与实践相结合的著作，在这些书里，我们可以看出文森西奥是一个具有非凡的创造力和严密的逻辑推理能力的人，这与他早年的学习是分不开的。

文森西奥曾在威尼斯跟随一位叫作查里的音乐家学习音乐理论，他对希腊音乐产生了无限的兴趣，并且对此进行过一些深入的研究。

文艺复兴给意大利带来了文化和艺术繁荣，不仅产生了达·芬奇等一大批杰出的艺术家，而且唤起了人们对科学和艺术的普遍爱好。

这种良好的社会氛围，造就了大批崇尚科学与艺术的普通人。伽利略的父亲就是其中之一。

文艺复兴的浪潮把文森西奥也卷入了这场思想解放运动。

他通过对古典音乐的学习，发现当时欧洲的音乐，尤其是欧洲的宫廷音乐，过于矫饰和雕琢，没有一点生气，破坏了音乐的和谐美，让人觉得乏味。

于是，文森西奥写文章抨击这一现象。为此，他和他的老师查里发生了争论。

文森西奥认为当下的音乐已经被一些所谓的音乐家们变成了一种抽象的数学，完全脱离了音乐的本质，变成可以讨论的抽象的数字了。

老师查里也已明显地感觉到他的学生对自己思想的背叛了。

文森西奥认为音乐是需要实践的，没有实践，就不会产生美妙的音乐。但是，音乐家们并没有把这种实践当成产生好的音乐的一条途径，反而都来贬低它。

老师查里认为，没有理论指导，是不能进行正确实践的。

但是，文森西奥认为不注重人类真实情感和美丽的音乐，没有什么真正的作用。文森西奥觉得老师的理论不足以解答他心中的疑虑。

事实的确如此，当时的音乐理论在许多方面已成为抽象的数学，极大地阻碍了音乐的进步。

文森西奥和他的老师查里二人之间进行了一场关于音乐理论的激烈论战，他的创造力和雄辩才能导致了音乐理论与音乐实践相结合的一场革命。

就在文森西奥反对纯理论音乐的战斗打响之后不久，迅速变化的音乐实践导致了歌剧的诞生与发展。

据说，在意大利至今还能听到曾经由文森西奥写的旋律优美的乐曲。

这一场音乐理论的激烈论战，虽然年幼的伽利略并不能完全明白，但喜欢大发感慨的文森西奥常常在家里进行他的演说。

父亲的观点，尤其是强调实践和蔑视权威这两点，对伽利略日后的科学研究，产生了极大的影响。

当时研究数学和音乐还不能谋到职业，所以，充满理想的文森西奥，一面四处寻找工作，一面陶醉在数学计算和音乐欣赏中。

伽利略的出生，给这个家庭带来了欢乐，同时也带来了负担。

由于家庭经济不富裕，多一张嘴，就多一份消费，为此，父亲文森西奥不得不花更多的时间去工作，以便养活全家。

但是，生活上的拮据并没有给伽利略的父亲带来悲观的情绪。相反，他仍是那么乐观，那么喜爱孩子。

伽利略的到来，使他觉得生活更有意义，因而情绪也更加高涨起来。

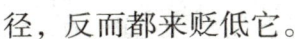

伽利略·幸福的童年

还是婴儿的伽利略，头大大的，前额宽宽的，鼻子高高的。

幽默的父亲一见到儿子就说："哈哈，一看我儿子这颗硕大的脑袋，就知道他将来准是个不平凡的家伙。"

他还抱着孩子高兴地唱起了歌谣：

感谢主的恩赐，

我有了儿子，

有了后代。

感谢主的恩赐，

有了宝贝，

有了财富。

看着高兴得有些忘乎所以的丈夫，脸色苍白的妻子吉乌莉娅赶紧走过来。

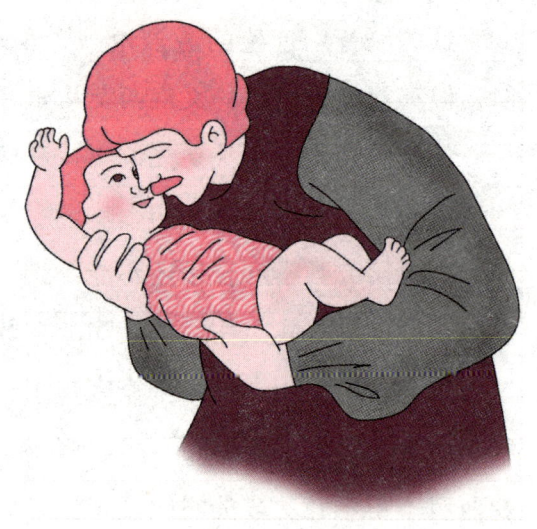

她边从丈夫的怀里接过啼哭的婴儿，边嗔怪道："你看你，别吓着孩子！"

婴儿很听话，他在母亲温暖的怀抱中，睁着两只大眼睛，东瞅瞅，西瞧瞧，果然就不哭了。

注重教育的文森西奥，在儿子刚刚学说话时，就开始了对儿子的一系列潜移默化的教育。他教儿子认识数字，还时常唱歌给儿子听。

这个长着大脑袋的小家伙，对音乐不感兴趣，而对抽象的数字却

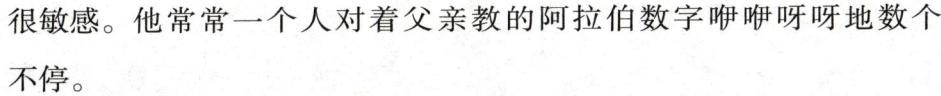

很敏感。他常常一个人对着父亲教的阿拉伯数字咿咿呀呀地数个不停。

文森西奥对儿子的教育是极富耐心的。他不仅教儿子学数字，还教他拉丁文和其他文字。等到儿子稍微长大一些了，文森西奥又开始教他画图画、做玩具等。

细心的父亲发现，伽利略的小手异常灵巧，他总是愿意自己动手做些小玩具。

父亲意识到，伽利略有着与别的孩子不一样的头脑。因为他看到儿子在这么小的年纪，就能够既喜欢抽象的数字，又喜欢自己动手。这是多么令人不可思议的一件事呀！

为了开发儿子的智力，父亲宁可自己牺牲许多欣赏音乐的时间，而系统教授儿子学习本国的文字、拉丁文、计算等。

寓意深远的名字

美丽的妻子吉乌莉娅给文森西奥生了个大胖小子，使文森西奥喜出望外。他经常会去市场买一些奶酪、黄油、鸡蛋等营养品。在丈夫的精心照料下，妻子奶水充足，儿子被喂得又白又胖。

吉乌莉娅也是贵族出身，家境也不富裕。自从嫁给文森西奥以后，小两口过着贫穷的日子，倒也和和美美。结婚后，她曾经盼望着有一个孩子，男孩女孩都行。她知道，丈夫最需要的是男孩。如今，感谢主的恩赐，遂了丈夫的心愿。

伽利略从小就尝到了生活的艰辛，因为到他出生的时候，家道已经衰落了。他们家就住在比萨一条狭窄的巷子里，房子是祖上留给他们的。

从外表上看，房子还算说得过去，可是，岁月无情，曾经骄傲和辉煌过的青石头，现在已经露出了败落和晦气的味道，让人看了就觉得压抑和气馁。

进了屋，这种气氛更是扑面而来。房子终日不见阳光，显得阴暗潮湿。

文森西奥有了儿子，虽然感觉到非常喜悦，但是伽利略的诞生，使得这个原本就很清贫的家庭更加拮据起来。文森西奥每天都很忙，但是他的工作一直都不是很顺利。

文森西奥的脾气，由于生活的压力而变得越来越暴躁，他经常把孩子当成发泄内心不满的出气筒，总是把孩子骂个昏天黑地、不知所措才肯罢休。

伽利略出生之后，过了好久，父亲文森西奥也没给他起一个名

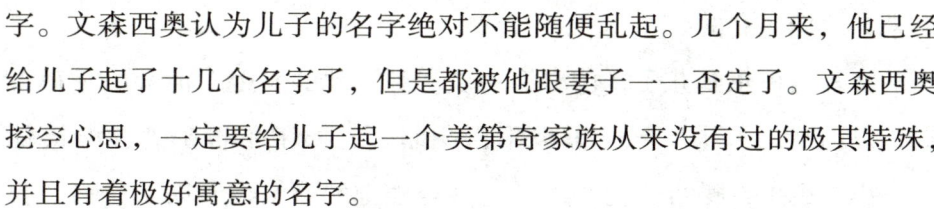

字。文森西奥认为儿子的名字绝对不能随便乱起。几个月来，他已经给儿子起了十几个名字了，但是都被他跟妻子一一否定了。文森西奥挖空心思，一定要给儿子起一个美第奇家族从来没有过的极其特殊，并且有着极好寓意的名字。

有一天，文森西奥上街时，一个衣衫褴褛、蓬头垢面的乞丐向他伸出了一只脏兮兮的手，说道："先生，行行好，给一点儿钱吧！我已经好几天没有吃东西了。"

起先，文森西奥被这个突然伸出一只手的人吓了一跳，他沉默了一下，眼睛盯着乞丐看，乞丐以为文森西奥没有听清楚，于是又说了一遍："先生，给点儿钱吧！我已经好几天没有吃东西了。"

文森西奥仔细看着乞丐，内心突然有一种触动，他忽然觉得这个人的命运和他是这样相近。他甚至好像看到了自己带着妻子吉乌莉娅和儿子，在沿街乞讨。

文森西奥不由得惊叫起来："天啊！这难道就是我未来的命运吗？"

文森西奥的举动把乞丐吓了一跳，以为文森西奥是一个精神病患者，不敢再继续乞讨，赶忙转身跑掉了。

文森西奥遇到那个乞丐后便惶惶不可终日，他不停地在想：如果有一天我也沦为了乞丐，我的妻子，还有我的儿子，该怎么办？

妻子吉乌莉娅看到丈夫不正常的举动，心里很是焦急，她以为丈夫得罪了哪一方的神灵，于是就连忙去教堂为丈夫祈祷，请圣母玛利亚保佑她的丈夫平安无事。

过了不久，文森西奥逐渐从失望和颓废中振作了起来，他想到了自己的儿子。他觉得儿子是一个聪明的孩子，于是，他把希望寄托在了儿子的身上。

文森西奥相信，这是上帝给予他的恩赐。他觉得，黑夜虽然降临了，前面的道路模糊不清，可是，他不能退缩，他应该大胆地向前走，只有走下去，才能慢慢看清道路。主会在他们需要的时候，用火炬来为他们照亮的。

文森西奥想到儿子，信心又一次回到了他的身上，他开始觉得天空比以前晴朗多了，屋子里也不再阴暗了，太阳不再阴着脸嘲笑他了，小鸟也不再噪得让他心烦了。甚至连他的心情也开朗了许多，脸上开始有了友好的、善意的微笑。

尤其是对儿子，他开始时常望着伽利略并且流露出嘉许的微笑。有一天，他突然兴奋地对正在忙着打毛衣的吉乌莉娅说："亲爱的，你整天忙着干你的那点儿活，有没有仔细观察过我们的孩子？"

吉乌莉娅不解地看了一眼文森西奥，说："你说什么呢？我哪天不看这个小东西。"

"亲爱的，我是认真的，你可千万别忽视我们的儿子，我终于给我们的儿子想了一个非常好的名字，就叫伽利略。想想看，伽利略是一个多么好的名字啊！"

吉乌莉娅想了想，有些冷冰冰地说："姓伽利雷，又叫伽利略，姓和名差不多少，怎么能行！"

文森西奥见妻子并没有理解自己的意思，于是接着说道："伽利略，我们的儿子，这是一个多么响亮的名字啊！你要知道，它预示着美好的前程，预示着我们的儿子会恢复我们祖上的光荣，为我们重振家风啊！"

文森西奥本来以为妻子听了这话以后，一定会现出一副很感兴趣的样子，会停下手中的活儿，向他请教个究竟，可是，他错了。妻子仍然毫无兴致地耸耸肩说："你说名字？你说名字就会让我们的儿子前程似锦吗？不就是把姓的词尾变了一下吗？"

文森西奥却依旧兴奋地说道："你可不要小瞧了这个词尾的变化，虽然我们只是把 Galilei 的最后一个字母变了，但是，这种方法可以使儿子大吉大利、前途无可限量的。"

吉乌莉娅依旧有些淡淡地说："照你这么一说，伟人能够成名，

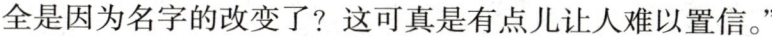

全是因为名字的改变了？这可真是有点儿让人难以置信。"

吉乌莉娅的口气里带着几分冷言冷语，她每天操持着这个家，她要用丈夫拿回来的一点点钱让一家人都吃饱，而且还要让一家人都穿得暖暖的，她每天想的都是柴米油盐，她怎么会像丈夫一样，每天花费心思去琢磨这些事情。

文森西奥却依旧信心满满地说："伽利雷是贵族的姓，把这个姓 Galilei 的最后一个字母'i'改成'o'就成了伽利略 Galileo。主曾经告诉我们，用这种方法给后代人起名，会使子孙大吉大利，长大后能光宗耀祖，创造出伟大的业绩来。"

"啊！原来如此。改一个字母，就有这么大的学问。希望我们的儿子将来如你所说的能光宗耀祖。"吉乌莉娅终于赞同了文森西奥的观点。

从小就聪明好学

随着时光的流逝，小伽利略也慢慢地长大了。

他的记忆力很好，父亲教过的东西，他都能很快记住。

比萨城位于佛罗伦萨的西北方向，它在历史上曾经是个海滨城市。随着陆地的扩展，比萨距离海洋越来越远了，但这并不能使人遗忘比萨曾作为海上共和国威震八方的历史和它作为联结东西方纽带曾起的重要作用。

比萨的名气，其实在很大程度上是受惠于比萨斜塔。

闻名世界的比萨斜塔竣工于 1372 年，但是实际上，工程早在1174 年就已经开始了。

比萨斜塔开始建造时的设计本来是垂直竖立的，原设计为 8 层，高 54.8 米。它是独特的白色闪光的中世纪风格建筑物，即使后来它没有倾斜，也会是欧洲最值得注意的钟楼之一。

1178 年，当钟楼建到第四层时，由于地基打得不牢固、不均匀，土层过于松软，导致钟楼在未建成时就已经开始倾斜偏向东南方了，工程因此而被迫暂停。

1198 年的史料，记载了钟楼内撞钟的存在，这标志着钟楼虽然倾斜，但至少悬挂了一个撞钟，实现了它作为钟楼的初衷。

1231 年，工程继续，第一次有记载钟楼使用了大理石。建造者采取各种措施修正倾斜，刻意将钟楼上层搭建成反方向的倾斜，以便补偿已经发生的重心偏移。

1278 年，钟楼建到第七层的时候，塔身不再呈直线，而是为凹形。工程再次暂停。

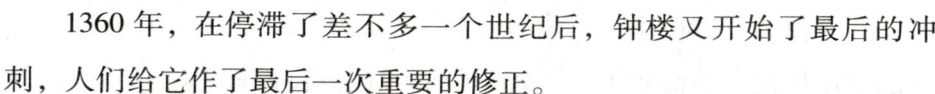

1360 年，在停滞了差不多一个世纪后，钟楼又开始了最后的冲刺，人们给它作了最后一次重要的修正。

1372 年，摆放钟的顶层终于完工了。

54 米高的 8 层钟楼，一共有 7 口钟，但是由于钟楼时刻都有倒塌的危险，从来没有撞响过，而且塔还一直在不断地倾斜。

随着时间的推移，比萨塔的倾斜程度不断增大，目前已达到 4.5 米，而且倾斜度还以每年一毫米的速度继续。

伽利略从小就在比萨生活，在他们家不远的一个灰色石头建筑门前，有一片草地，是小伽利略和弟弟妹妹们玩耍的地方。

孩子们在草地上奔跑、唱歌、跳舞、捉迷藏，已经 8 岁的伽利略还要照顾 6 岁的大妹维吉莉娅、4 岁的小妹莉维娅和 2 岁的小弟米盖。

带领不懂事的孩子，也不是一件容易的事情，但是小伽利略从小就爱动脑筋，他用各种各样的办法，将弟妹们都哄得很开心，给父亲母亲减轻了负担。

小伽利略非常聪明，对什么事情都充满强烈的好奇心，不仅如此，这个孩子还心灵手巧。

他似乎永远闲不住，他会做一些小玩意儿，如小风车、小帆船、小桌子、小椅子等。

当他实在没有什么东西可做的时候，他就将家里的一些东西拆来拆去。有几次，他把父母最喜爱的东西给拆掉了，还因此遭到了一顿臭骂。

晚上，小伽利略则喜欢搬一个小凳子去外面，要么是望着晴朗的夜空发呆，要么是静静地坐在屋外的一个角落里呆呆地想着什么。

父亲文森西奥看见儿子对天空很感兴趣，就经常给他讲述一些有关月亮和星星的传说。

到了上学的年龄，伽利略能够自己阅读家中的一些书籍了。

这时候，父亲由于工作繁忙，没有更多的时间教他读书和数学计算了。

文森西奥一方面不得不为了生存辛苦地奔波，另一方面又在为儿子的前途担忧。他必须为儿子找一个能够接受良好教育的场所，这是文森西奥时刻都不忘考虑的事情。

正当父亲为伽利略的教育而发愁的时候，突然出现了一个绝好的机会。

意大利贵族，托斯卡纳大公国的统治者——科西莫一世，带着他的家人来到比萨的行宫休息。而给托斯卡纳大公的孩子当家庭教师的是一名叫里奇的教授。

里奇是意大利著名数学家、理论物理学家，张量分析的创始人之一。

1900～1911年，里奇和他的学生齐维塔的学术成果进一步推动了这一学科的发展，然而直到爱因斯坦在广义相对论中使用了里奇的理论之后，张量分析才受到普遍的重视。

里奇是伽利略父亲的好朋友，也是他数学研究上的伙伴。里奇随大公来到比萨，伽利略的父亲赶紧前去拜访。

当里奇问到文森西奥的儿子时，文森西奥突发奇想，提出让伽利略到大公家跟随里奇听课。

里奇并不了解伽利略的智力情况，本不想答应这个唐突的要求。可是，为了照顾朋友的面子，里奇还是同意了让他带儿子前来试一试。

这就意味着，如果伽利略能够听懂他讲的内容，能和大公的孩子友好相处，他就可以旁听；如

果不行，也不能勉强，以免得罪大公。

文森西奥按照约定的时间把伽利略带到里奇教授的面前。

刚见面时，伽利略没有引起里奇教授的好感。原因是，伽利略既不漂亮，也不机灵，在生人面前还有些腼腆。

教授问了伽利略几个问题。伽利略的回答令教授很是吃惊。

这个表面看着有些憨的孩子，在回答问题时却思维清晰、很有逻辑性。里奇当即决定收下伽利略做旁听生。

里奇给大公的孩子们讲授的课程有很多，包括天文学、地理、数学、神学等。大公的孩子们虽然生活条件优越，但是对学习并不感兴趣，听课的时候很不专心，想听就听，不想听就悄悄溜走了。

伽利略则跟他们不同，他还从来没有系统地听人讲过课。里奇讲的数学、天文学生动有趣，一下子就把伽利略吸引住了。

伽利略听课非常认真。他总是一边听，一边在纸上做笔记。尽管没有人教过他如何做笔记，但是，出于对知识的渴望，他还是自发地做起笔记来。

正在讲课的里奇对伽利略的表现极为不满，以为这孩子在随便乱画。

下课休息的时候，里奇走到伽利略身边，拿起他写在纸上的东西一看，竟然有些吃惊。

原来，伽利略把里奇讲的主要内容差不多都记在纸上了。

看到教授走到自己面前，伽利略忘记了在听课时不能发言的规矩，竟然向教授提了好几个问题。

里奇高兴地解答了伽利略提出的问题，还爱抚地拍了拍这个穷孩子的头，告诉他："以后有什么问题尽管提出来。"

大公家的孩子们看不起穿着旧衣服、说话有当地口音的伽利略。上课时他们都用奇怪的眼光看着他，下课后也不理睬他。

伽利略是个有自尊心的孩子，对大公的孩子们的傲慢态度，他是清楚的。

可是，他喜欢学习，里奇的讲解把他带进了一个神奇的世界。想到这些，伽利略忍下了屈辱，安下心来继续做旁听生。

里奇渊博的知识、生动的讲解，为伽利略通往知识的海洋指明了一条航道。

在里奇讲授的科目中，伽利略最喜欢的是数学，严密的逻辑、环环相扣的推理、有根有据的准确证明，使伽利略领略到这门科学的神秘。

里奇见伽利略喜欢数学并且善于思考，就在课间休息时多给伽利略讲解一些有趣的数学知识。他还把古代数学家阿基米德的著作借给他看。

里奇的引导，使原本就喜欢数学的伽利略对数学更加着迷了。

兴趣广泛的孩子

孩子们在一天天地长大，家里的消费支出越来越多。文森西奥拿回家里的钱，越来越不能维持生计了。

文森西奥这才明白，光靠音乐并不能养活他的一大家子人。于是他打算放弃自己的音乐事业，另想办法维持这个家的生活。

文森西奥于是对妻子吉乌莉娅说："亲爱的吉乌莉娅，我们的孩子一个个都在长大。可是，我们的生活费用却捉襟见肘，我们该怎么办啊？"

吉乌莉娅皱着眉头说："是啊！我们一直都在节衣缩食，可是，这个办法也不能解决问题了。你看，我们现在的生活都已经到了什么地步了，家中值钱点儿的东西我们已经当得差不多了。所以，我们必须另找一条谋生之路才行，否则，我们连孩子上学的费用都拿不出来了。"

"另谋生活，我们去干什么呢？那些为富不仁、大发横财的商人将整个社会搞得国不像国、家不像家，居然还将比萨卖给了外国人。"文森西奥出身贵族，他最讨厌的就是唯利是图的商人。这个时候他又发起了牢骚。

吉乌莉娅已经听惯了丈夫的牢骚，她低着头干着家务活没有应声。她知道，如果她稍稍附和一下，丈夫今天的议论就不知道会说到什么时候，也不知道会说到谁的身上去。所以，她总是这样不声不语，慢慢地，文森西奥也就转移话题了。

文森西奥叹了一口气，说道："我觉得我不适合待在比萨这个地方了，这个地方太小了，咱们去一个大一点儿的城市，或许会有更多的机会，也说不定上天会给我们安排什么转机。你看怎么样？"

妻子抬起头，看着文森西奥问道："可是我们搬到哪儿去，靠什么生活呢？"

于是，文森西奥低下头，搔了搔脑袋："是啊！这个问题我还没有想好。这个，你有什么建议吗？"

妻子提议说："我看，我们可以做点儿小生意什么的。"

文森西奥听到妻子的建议，有些吃惊地叫道：

"做生意？你怎么能想出这个主意来。你知道我们祖上的历史吗？你知道我们的血统吗？我们是美第奇家族的一个分支啊！我们是贵族啊！而且，而且我最痛恨的就是那些唯利是图的商人们！"

吉乌莉娅这次却争论起来，说道："贵族，贵族怎么了？你看看我们目前的生活，这难道是一个贵族应该过的生活吗？贵族也只是一个头衔而已，现实一点好不好？想想我们目前要过的每一天。"

吉乌莉娅的话让文森西奥一时哑口无言，心中也不由说道："是啊！现在生存才是第一位的，生活是不能有虚荣在里面的。"

可是，让他一下子接受这个事实，还真是有点儿困难，他不得不叹息一声说：

"这个问题，我再考虑一下。你得给我点儿时间，让我想想看，还有没有什么更好的办法。"

文森西奥一连几天都在反复琢磨着，能做点什么呢？除了做生意。

终于考虑了好几天，他才极不情愿，又无可奈何地对妻子说：

"吉乌莉娅，我想过了，去佛罗伦萨，我们先做羊毛生意，因为羊毛产业是佛罗伦萨的支柱产业，我们去那儿做这种生意，应该还是有前景的，至少，我想我们维持生计还是没有问题的。"

对生活现状早已不满足的妻子听了高兴极了，当即表示同意。

但是，文森西奥心中也总是会想，自己是贵族血统，去做生意，愧对祖宗！

文森西奥开始和妻子一起整理东西。其实，这个家除了几口人之外，已经再没有什么值得要千里迢迢地带走的东西了。所以，这项工作也不是很艰巨。

1574 年，伽利略 10 岁的时候，他们举家迁到了佛罗伦萨。

佛罗伦萨是极为著名的世界艺术之都、欧洲文化中心、欧洲文艺复兴运动的发祥地、歌剧的诞生地、举世闻名的文化旅游胜地。它属托斯卡纳公国管辖。

佛罗伦萨连接意大利北部与南部铁路、公路网的交通枢纽，阿诺河横贯市内，两岸跨有 7 座桥梁。市区仍保持古罗马时期的建筑格局，有许多中世纪的建筑艺术。

全市有 40 多个博物馆和美术馆，其中乌菲齐和皮提美术馆举世闻名。世界第一所美术学院、世界美术最高学府佛罗伦萨美术学院蜚声世界，意大利绘画精华荟萃于此。

这里不仅有著名的文化中心和大学，还有艺术、文学、科学研究院与图书馆等。

当时，意大利不是一个统一的国家，在中部地区，是以罗马为中心的教皇领地，教皇在意大利有相当大的势力，他统治着思想界，不允许有反对传统教义的思想存在。

其他地区是一些邦国，佛罗伦萨就是一个重要的邦国，托斯卡纳公国的中心。

佛罗伦萨涌现了许多伟大的思想家、艺术家、科学家、诗人，还形成了崇尚科学和文化的传统。

当伽利略一家人来到这座城市的时候，佛罗伦萨已经建设得相当漂亮。

这里气候温和，雨量充沛。平静的阿诺河横穿城市中心，缓缓流过，河上横贯着许多造型别致的桥梁，河两岸的建筑也各具形态，有的宏伟高大，有的古朴典雅，有的独具匠心。

对于喜欢学习和思考的伽利略来说，这座城市无疑给他提供了一个较为良好的学习环境。他既可以享受进步科学文化的熏陶，也可以接受较好的教育。

文森西奥在市中心的位置租了一家店铺，前屋卖布匹、羊毛，后屋住人。

在这里，店铺的生意比在比萨城要好得多。唯一的一点遗憾是，整天都处在城市的喧闹声中，失去了在比萨居住时的清新与宁静。

一个假日，文森西奥从外边回来，听到从房间里传出悠扬悦耳的琴声。不由得心中一惊，因为他知道妻子吉乌莉娅是不会弹琴的，但又会是谁弹的呢？

文森西奥走进琴房，只见小伽利略正端坐在风琴前，聚精会神地弹奏着。他是那么专心，以至于有人来到他身边，他都未察觉到。

弹完一曲后，小伽利略猛然一抬头，看到了父亲。他吓得立刻站了起来，突然间不知所措。

文森西奥却笑着叫道："不错，不错，你是贵族的后代，又是音乐家的儿子，你应该懂得一些音乐才行，而且你刚才也弹得不错。冉弹一遍，让我听听有什么毛病没有？"

小伽利略重新坐好，认真弹完一遍后，文森西奥说道："总的来说很好，但是，合拍不协调，你的指法也不对头。让我来弹一遍。"

文森西奥说着便坐下弹了起来。一边弹，一边讲解，小伽利略仔细看着，听着。

一曲弹罢，文森西奥又让小伽利略弹了一遍，确实比刚才合拍协调了许多。

文森西奥高兴地说：

"我的儿子可真聪明，稍加指点就会，以后肯定会超过父亲的。"

小伽利略问道："父亲，我感觉低声也很悠扬好听，就像小溪缓缓地流过森林，我还想学吹笛子。"

文森西奥觉得伽利略很有乐感，这一点至少是他的遗传基因起了些作用吧！于是，他高高兴兴地当起了伽利略的音乐老师。

他发现这个"学生"实在是太有天赋了，当他给儿子讲了一些初学的基本知识之后，伽利略竟很快地就可以弹一手流利的风琴了，笛子也吹得足可以达到登台演出的水平了。

文森西奥大吃一惊，他兴奋地大声赞叹道："我的儿子，你现在的水平就可以登台亮相了。依我看，只要你稍稍用一点功，就可以成为托斯卡纳公爵的宫廷乐师。而且，我坚信，你一定会得到他们的喜爱！那时候你就不用像我现在这样，只能在闲下来的时候，演奏给自己听，做一个没有听众的音乐家，你将成为所有听众心中的偶像。"

文森西奥说这番话时，得意扬扬，好像他所说的都已经变成了现实。吉乌莉娅在一旁很是不满，她对丈夫说："我问你，音乐有什么用，音乐能给你带来面包和奶酪吗？音乐能给你带来衣服和鞋子吗？音乐能养家糊口吗？你搞音乐，害了自己不说，怎么现在还要来耽误我们儿子的前程呢？你对孩子说这种话，不是在误导他吗？"

伽利略被父亲和母亲截然相反的说法搞得有点摸不着头脑，但是父亲没有对母亲的话提出反对意见，那么就照母亲说的去做好了。于是，伽利略似懂非懂地点了点头。

有一天，佛罗伦萨连日阴雨，孩子们憋在屋里出不去，嬉笑打闹，嘈杂得很。

伽利略为了哄妹妹、弟弟们安静下来，特意用木头块做了一个猴

子，腿上挂上橡皮筋，把橡皮筋缠紧，放在地上，可以跳 1 米多高。这样，孩子们被会跳高的木猴子所吸引，停止了打闹。

文森西奥看见了，拿起木猴子，反复看了看，还亲自放在地上试了试，问："这个木猴子是谁做的？"

孩子们齐声回答："是伽利略做的。"

文森西奥夸奖说："这个玩具要在 50 年前出现，是会惊动全世界的。那时候是文艺复兴的黄金时代，有个伟大的达·芬奇，他不仅是画家，还是音乐家、哲学家、科学家，多才多艺，行行都是高手！"

"我就要做像达·芬奇那样的伟人，等我长大了，还要超过他，发明震惊世界的东西。"伽利略不由羡慕地说道。

虽然伽利略在音乐上表现出了一定的天赋，可是他更加喜欢的是绘画，他一直梦想着自己可以成为像达·芬奇、拉斐尔一样的画家。

佛罗伦萨的一流画家多得数不清，在这里，处处都可以享受到绘画精神和技巧的陶冶。所以，伽利略有这样的想法也是不足为奇的。

过了不久，小伽利略领着妹妹弟弟画起画来。妹妹弟弟都是乱画一气，把白纸涂成漆黑一片。而小伽利略，却是画什么像什么，画出的狗、猫或者车马、房舍，好像真的一样。

吉乌莉娅发现小伽利略画了很多画，挑了几张，拿给丈夫看，文森西奥大吃一惊，问："这些都是伽利略画的吗？很了不起，画得太好了。"

文森西奥将每幅画反复看过并赞誉道："已经超过我的绘画水平。要是再有名人指点一下，我们的儿子将来可以成为一名优秀的画家。"

吉乌莉娅对丈夫的这种幻想与异想天开，已经是见怪不怪了，嬉笑着说道："小孩子瞎画几笔，就成了画家了，谁信呀？"

文森西奥却认真地说："儿子的画再下工夫练一练，就能拿到佛罗伦萨去和那些名画家的画比一比。"

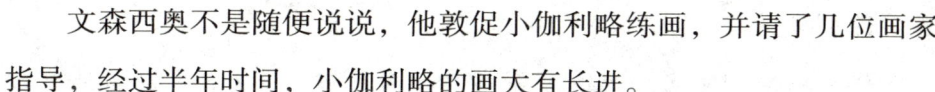

文森西奥不是随便说说，他敦促小伽利略练画，并请了几位画家指导，经过半年时间，小伽利略的画大有长进。

有一天，伽利略收到了一封信，他想了半天，谁会给自己写信呢？会不会是寄错了呢？他反复看了几遍，没错啊！写的就是他的名字。于是，他拆开了信。原来，是一封致贺信。伽利略的画得奖了。

这可真是个从天而降的喜讯，伽利略高兴极了，他飞跑着把信拿给母亲看。母亲在伽利略的额头上亲了一下，鼓励他说："你可真是个小画家。今晚我们应该庆祝一下。"

文森西奥得知儿子获奖后，眼睛一下子亮起来，对于他来说，小伽利略能够取得这样的成绩，已经是一个奇迹了。他一把拿过信，匆匆地看了一遍，然后高兴地把伽利略抱在怀里："儿子，你可真行，你以后要更加用心地画画啊！"

文森西奥进了屋，对吉乌莉娅说："我看我们的儿子真是很有天赋，说不定他以后会成为一个很伟大的画家。你想想看，在伽利略出生后的第三天，米开朗基罗就去世了，而伽利略出生的地方又与达·芬奇出生的地方离得那样近。我看，这其中必定有什么渊源和因果关系，你说呢？"

吉乌莉娅最不喜欢丈夫这种胡思乱想、牵强附会，便只是有些不屑地应付了一声。

文森西奥见妻子不理会自己，于是向前凑了凑，说了许多关于一些伟大的艺术家、科学家的事情，想要进一步开导开导妻子。

但是妻子对他的想法依旧表现得很冷淡，因为她在考虑着眼前窘迫的现实生活，文森西奥于是叹了口气说："我知道你的想法，我也明白，除非他能成为像米开朗基罗、拉斐尔一样出色的艺术大师。否则，他的前途会像我一样没有希望，他的生活也会陷入困境。"

但是在晚宴上，夫妻二人对伽利略赞扬了一番，并且要求弟弟妹妹向伽利略学习。

伽利略受到父亲的赞扬，高兴得合不拢嘴。其实，他对音乐并没有太大的兴趣，他真正爱好的是绘画。他听父亲讲过意大利的画家达·芬奇，还看过他的画，曾经梦想成为像达·芬奇那样的画家。

所以，小伽利略一有空闲就练习画画。从炭铅画、水彩画到油画都练过。他的画拿到佛罗伦萨得了不少奖，这是他未曾想到过的。

伽利略聪颖过人，有多方面的爱好，绘画还得过奖，很快传遍了全城。邻居和亲朋好友都羡慕文森西奥家有个神童儿子。

喜欢动脑和幻想

伽利略从小就是个心灵手巧的孩子，他喜欢设计和动手制作一些小玩意儿，这是他的快乐源泉，这些小东西常常会让弟弟妹妹和邻居家的孩子们狂喜不已。

有一天，天下起了大雨，雨水慢慢汇流成一片一片的水洼，伽利略望着眼前一片一片的积水，突然感觉这里面还缺少点什么。伽利略想到了他看过的图画书上的画面，在那幅图画上面，还有一艘一艘的大船。他要亲自动手为这些小河流增添一些生气。

伽利略回到屋子里，拿出他的"百宝箱"，他开始为他的计划精心设计了。看了看手中的原料，他决定做一艘出海捕鱼的大渔船。

伽利略向来就喜欢想象，善于动手制作一些小玩意儿，所以这个时候，已经熟悉了各种工具的伽利略熟练地进行着他的小创造。

妹妹看到哥哥在那儿一声不响地忙碌半天，不禁好奇地走过去问道：

"哥哥，你在干什么呢？"

伽利略仍旧摆弄着手中的渔船，边忙碌着边说道："我正在做渔船。是渔船，你见过吗？"

"当然，我在书上看到过。哥哥，你真会做渔船吗？"妹妹有些怀疑地看着哥哥手中摆弄着的工具。

"你看，我就快做成了。"伽利略忙碌着，顾不得抬头看妹妹一眼。

"那你的渔船会走吗？"妹妹依旧好奇地询问着。

"你等着瞧吧！我要把它放到大河里去。等一会儿你就知道了。别打扰我，你在一旁看着，一会儿我带你一起去航海。"

妹妹听哥哥这么一说，便不再打扰哥哥的工作了。她乖乖地站在一旁看着伽利略的"浩大工程"。

过了一会儿，一个木制的渔船模型就在伽利略的手中制作完成了。

伽利略突然从地上站了起来，对着旁边的妹妹叫道："我的渔船做好了。"

伽利略兴奋地拉着妹妹的手，飞一般地跑到屋子前面的那洼水坑前。

在这段时间里，水流不断地汇集着，洼水的面积也变得越来越大了。妹妹也高兴得几乎要跳起来，她兴奋地叫道："太好了，太好了，大船要放进大河里啦！"

邻居家的几个小伙伴听见伽利略和他妹妹在雨中的欢呼声，不由得探出头来看看是怎么回事。

当小伙伴们看到伽利略的小船在水中航行的时候，也都禁不住诱惑了。他们纷纷从各自家里跑了出来，开心地跟伽利略兄妹俩一起玩了起来。

大家不住地夸奖伽利略的聪明，居然能做出这样有趣的小玩意儿。伙伴们竞相要求伽利略给他们每个人都做一只小船，拿到水洼中遨游。

伽利略除了有想当画家的理想之外，他还有眼前最现实的愿望，

那就是自己能做点儿什么来帮助母亲料理这个家。

文森西奥做羊毛生意，需要很多的投资，再加上孩子们一天天大了起来，花销也自然就多了起来。家庭经济拮据是不可避免的。

每当小伽利略看到父亲穿着破旧的大衣、紧锁着眉、整天愁眉不展的样子，每当他听到父亲那长吁短叹的声音，他总是痛在心头。

伽利略思索着，能有什么办法来帮助父母解除压力，让他们高兴一下呢？小小年纪的伽利略在心理上负担了与他的年龄极不相称的重担。

终于，伽利略想到了一个好办法。

有一天，当伽利略再次看到自己制作的那艘渔船后，突然想到小伙伴们都喜欢自己做的小玩具，如果自己做更多更好玩的小玩具到大街上去卖，换回来金币不就可以帮助父母分忧解愁了吗！

在接下来的几天里，伽利略一直在挖空心思地想象着。他不时地翻弄着自己的"百宝箱"、家里面没有用的材料，来完成自己的杰作。

终于，伽利略做好了几个有趣的小玩具。

这天他趁父母不注意，一个人带着自己的杰作来到了大街上。

伽利略从来没有做过生意，更不要说推销自己的小玩具了。他在一个商店的角落里的长椅上蜷缩着，等待着有人来买他的玩具。

但是，过了好久，也没有一个人过来询问他的小玩具，小伽利略疲惫地睡着了。

在梦里，有好几个孩子围着伽利略，争先恐后地要买他仅剩下的几个小玩具并为了能够买到伽利略做的小玩具互相争吵着，一个人说是他先来的，应该是他先买；另外一个却将手中的钱直接塞进了伽利略的口袋里，就要拿走玩具，俩人争执起来。

伽利略不一会儿就将所有的小玩具都卖完了，他高高兴兴地带着满满一袋子金币赶到家中，还没等进门就高兴地大声喊叫着："母亲，母亲，我回来了，我挣了好多的钱。"

母亲骄傲地抚摩着他黑色的头发，弟弟妹妹既羡慕又兴奋地围着他叽叽喳喳地说个不停。

一阵凉风吹来，伽利略冻得打了个冷战，把身上的衣服裹了裹，睁开眼睛一看，自己原来是蜷缩在商店角落里的一个长椅上，刚才所有的一切都是在梦里。

伽利略还是决定坐在那里耐心地等上一会儿，说不定就会有人来买了。可是，慢慢地，天快要黑了，伽利略失望地看了看手中拿着的几个玩具，它们竟然一个也没有卖出去。

这些小东西，自己玩是一回事，可是要拿它们来换金币又是另外一回事了。

伽利略拿着他的几件小玩具无精打采地回到了家。

父亲问他去哪儿了？怎么才回来呢？

伽利略因为今天一个玩具也没有卖出去，所以打不起精神来，对于父亲的问话，他没有应声。这时，父亲看到了伽利略手中的玩具，惊奇地问："这些玩具是哪儿来的啊？"

伽利略进了门，垂头丧气地说："是我自己做的。"

文森西奥不由惊讶地说道："孩子，你可真棒。"

伽利略本来是挺沮丧的，可是，被父亲一夸，他把自己今天的不愉快都抛在了脑后，高兴地说："父亲，将来我长大了，要发明更伟大的东西。"

文森西奥立刻收敛了笑容，将小伽利略叫到了一旁，严肃地对他说道："你怎么可以这样妄自尊大呢！"

他又想到伽利略还是个小孩子，得对他讲道理才行，这样骂他一通，只能事倍功半。

文森西奥蹲下身来，拍了拍伽利略的脑袋，说："孩子，你要知

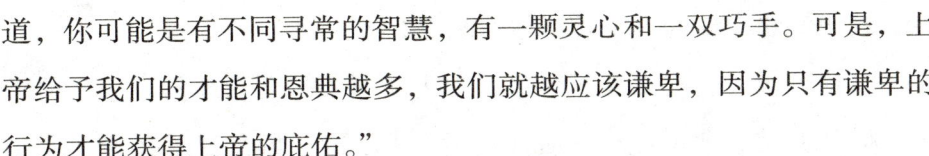

道，你可能是有不同寻常的智慧，有一颗灵心和一双巧手。可是，上帝给予我们的才能和恩典越多，我们就越应该谦卑，因为只有谦卑的行为才能获得上帝的庇佑。"

伽利略专心地听着父亲的教诲，文森西奥接着说道："《圣经》中告诫我们说：'骄傲来了羞耻也来，谦逊的人却有智慧。'如果不听主的告诫，以骄傲自满作为自己的处世准则，必然要坠落到泥潭中去。"

"达·芬奇就是一个现成的例子。他有才干，这是谁也不能否认的。可是，他太自负，有如魔鬼撒旦一般，不听主的告诫，在他死前的 6 年，背叛了生育、抚养他的家乡佛罗伦萨，更让人不能接受的是，他居然在此后的 3 年，去了法国，接受法国国王弗朗西斯一世的邀请，到法国宫廷去当画师。但是，他从此便失去了创造力，他受到了上帝的惩罚。最后，他在异国他乡的孤独和痛苦中死去，这是他一生的最大悲剧。"

文森西奥又担心儿子误解了他的意思，便继续说道："儿子，你还太小，有些事情你还不懂。我不是说你不该有远大的理想，小孩子有理想、爱幻想是可以理解的。可是主告诉我们：'聪明与虚心在一起，智慧与狂傲无缘。'只有虚心谦卑的人，今后才能有所作为。"

看着小伽利略认真听他讲话的样子，文森西奥继续说道："其实，我年轻的时候也有好奇心，有时候甚至也会怀疑祖先和长辈的智慧。但是，当一个人慢慢长大的时候，他就开始懂得前辈传下来的智慧。让一个年轻人没好奇心是不可能的。主告诉我们，智慧光顾那些寻找它的人们。"

伽利略并不能完全懂得父亲的话，他按照自己的思维去理解着。听父亲说到这里，他便鼓起勇气说："父亲，那我今后不向达·芬奇学习了，而向哥白尼学习，他提出的地动日静的学说当时震惊了全世界，将来我也要做哥白尼那样的大科学家！"

文森西奥闻言马上变了脸色，因为儿子没弄明白他的意思，他看了一眼伽利略，非常严肃气愤地说道："胡说！哥白尼算什么，主早就告诉我们，大地主宰世间的一切，太阳、月亮是绕着大地转的，哥白尼的学说纯属造谣生事、蛊惑人心，你怎么能向他学习呢?"

从这以后，文森西奥深切地感受到，儿子虽然聪明、能干，但是他太张狂，不知收敛，这样出言不逊、锋芒毕露的一个人，在今后的生活中是很容易遭人暗算的。

每次想到这儿，文森西奥总是忧心忡忡、若有所失，他觉得要尽快想个办法教育一下这个孩子。

勤奋地求学

浪费别人的时间是谋财害命，浪费自己的时间则等于是慢性自杀。

—— 伽利略

到修道院里学习

从上次的谈话以后，文森西奥感到伽利略虽然聪明过人，但是十分幼稚、骄傲张狂，容易受歪门邪道的蛊惑。他想，对儿子要严加管教。

文森西奥几经考虑后，终于想了一个办法，那就是把儿子送到瓦隆布罗萨的卡马多斯修道院去学习。一方面可以磨炼一下他的锐气，另一方面可以打好文化课的基础。

修道院里有一位学识、品德俱佳，而且精通亚里士多德和托马斯·阿奎那的著作的神甫。文森西奥相信，儿子学了这些知识以后，一定会知道天高地厚，变得谦逊起来，从而走上研究学问的道路。

文森西奥认为，送儿子到这所修道院去，在这位神甫的教导下，伽利略肯定会走上正道，获得扎实的知识。

就这样，10岁的伽利略进了修道院。

修道院是天主教培训神甫的学院，不过在当时，还没有世俗的普通学校，请不起家教的孩子只能到修道院去学习，因为除了宗教教义，修道院也传授一些算术、拉丁文知识。

这类学校是当时中等教育的主流。一些想让孩子从事神职的家庭或者经济条件不优裕的人家，一般都把孩子送进教会学校读书。既然是教会控制的学校，其教学宗旨和课程设置，自然就以宗教内容为主了。

宗教神学是学校的主课。与宗教课程并列的是被宗教推崇的亚里士多德的著作。此外，受文艺复兴运动的影响，在宗教学校中也出现了一些具有人文科学精神的教学内容，如哲学、数学和天文学等。

文森西奥的这个计划当时看来是十分正确和成功的，因为这个聪明伶俐的孩子很快就赢得了神甫们的喜爱。伽利略的记忆力特别好，思维十分敏捷，真是一个能举一反三的好孩子。而且，平时好动的伽利略居然对教授的课程十分感兴趣，他每天全力以赴地学习，这一点，让所有的神甫都感到格外吃惊。

文森西奥对自己的这个决定感到十分满意，他曾骄傲地对吉乌莉娅说："我们的儿子真是让人高兴，神甫们对我说，他是他们教过的所有学生中最好的一名学生。他不但聪明机灵，而且谦虚、安分，他'两耳不闻窗外事，一心只读圣贤书'，再也不像以前那样提出各种各样的奇怪问题了。你看，我做得是不是很明智？"

吉乌莉娅不屑一顾地说："你可别高兴得太早了。我可没觉得在那儿学习对我们的儿子有什么好处，你看，我们曾经可爱的儿子，现在他的变化太大了，变得太快了。你看他现在，整天死气沉沉、老气横秋的，我宁愿看到他以前那副活泼可爱的样子。"

文森西奥却说道："你的这种担心是没有必要的，知道吗？亲爱的，他在那里受到了教育，他长大了，变得懂事了。"

母亲说的是对的。伽利略确实是彻头彻尾地变了一个人。他不再有好奇心了，原来脑子里的各种各样的问题也都烟消云散了，他只是在全心全力地学习着那些经典书籍中的知识，他的好奇心已经被这些古已有之的教条给淹没了，剩下的只是百分之百的虔诚和百分之百的投入。

有一天，他感激地对神甫说："我觉得我能生活在印刷术发明的今天，实在是太幸运了。我可以有这么多好书去读、去研究，这是古人无缘享受的福气。神甫，我要倾注我毕生的精力去学习和研究它们。那样，我将可以获得万事万物的真理。"

伽利略对这种读书生活着迷极了，他决心要做一名修道士，他想在瓦隆布罗萨安静的图书馆里度过自己的一生。他不再对修道院以外的任何事情感兴趣。

除了读书，伽利略会在空闲时间到修道院里植松树、胡桃树，会到空气芬芳的园地里去散步。正像那些树木一样，伽利略生活在与喧嚣完全隔绝的地方。

在学校开设的课程中，伽利略最喜欢的是数学，其次是亚里士多德的著作。他对哲学也有兴趣，但是，对于宗教教义却非常反感。

对于亚里士多德的科学思想和逻辑哲学，伽利略很愿意学习。而对于他的抽象思辨和试图包容一切的体系以及宗教对他的思想的神化，伽利略则表示出强烈的不满。

除了那些宗教信条和《圣经》故事外，每天要进教堂做祈祷也让伽利略不能忍受。在他的心里，追求知识是第一位的。

花费大量时间向上帝祈祷，能够获得什么知识呢？尽管对学校的规矩和教程不满意，可是，一个十几岁的孩子，不敢公开反对。

神学课他不得不上，教堂也不能不去。但是，在上神学课和上教堂做祈祷时，伽利略只是消极应付，还常常想别的事情。

而在上数学、哲学课以及老师讲解亚里士多德的著作时，他却非常专心，一边听，一边作记录，对于不懂的问题，课下还向老师提问。

短暂的中学时代

伽利略在圣母玛利亚像前潜心学习。学习的课程有《圣经》，以及亚里士多德的《物理学》《天论》《气象学》《伦理学》《逻辑学》等。

伽利略在家中只是由父亲进行过启蒙教育，学习的东西比较少。进入修道院后，接触到亚里士多德的多项学科知识，感到非常有趣。

中学时代的伽利略是聪明和善于思考的，但是，教会学校需要的不是学生的思考，而是对宗教神学的忠诚与信任。伽利略不崇拜任何权威，只对探求真理感兴趣。这种倾向使学校的老师很不喜欢他，把他看作有反叛意识的学生。

随着学习科学知识的兴趣日渐浓厚，伽利略对学校越来越反感。过了一段时间，文森西奥最后一次到修道院去看望伽利略，让他大吃一惊，伽利略的个头已经超过了自己。

但是，伽利略越来越明显的变化让文森西奥也着实吃了一惊。他真是没有想到，修道院会把活泼、聪明、执拗的儿子变成那副样子。

伽利略整天沉浸在神学经典当中，他好像看破了红尘，于是把自己牢牢地封锁在修道院的高墙之内，他整天就是祷告、念经，还有聆听钟楼低沉的钟声。

伽利略几乎变成了"傻子"，过去活泼聪明的劲头没有了，这回可把文森西奥吓坏了。他可不指望儿子在修道院里度过一生，做一个一辈子低头哈腰、整天口中念念有词的修道士。

文森西奥有他的如意算盘。他认为像伽利略这样聪明过人、才华横溢的年轻人，以后一定会大有作为的。

如果伽利略进入上流社会，那么，他就可以重振家风，可以加官晋爵，可以光宗耀祖了。

退一步想，就算儿子没有能够做到这些，至少，凭他的才华，可以挣上一笔钱，以后让他、他的一家人享受荣华富贵。

那样，女儿的嫁妆就有了着落；那样，小儿子学习音乐的费用也不用发愁了。

小儿子也是他的一个希望。因为他从小就表现出了非凡的音乐才能，最近，他发现小儿子的音乐才能甚至超过了自己。因此，文森西奥决定让小儿子学习音乐，如果学有所成的话，说不定会成为宫廷的首席乐师。

可是，学习音乐是需要很大一笔费用的，到哪里去筹这笔钱？他把这个希望寄托在了伽利略的身上。

可是，如果让伽利略一直沉浸在神学经典里，让他从此弃绝尘世的一切亲情、一切追求，那么，他所有的计划就全都化为泡影了。文森西奥知道自己必须采取一些行动来"拯救"伽利略。

文森西奥希望伽利略能够更好地修炼自己的性情，学会谨慎小心地做人、做事，改一改他的执拗性格。可是，他又会时常跟伽利略谈起他对于家庭的责任，以免他把世俗事物忘得一干二净。

文森西奥不愿意让伽利略长大之后成为一名神甫，因此，在离开宗教学校这一点上，父子俩不谋而合。

中学二年级快要结束时，伽利略得了眼病，不能正常看书，需要回家治疗和静养。父亲便把儿子接回家中。就这样，伽利略又回到了佛罗伦萨。

伽利略离开中学后，在家自学了几个月。他是个善于学习、肯钻研的少年，所以，在家养病也不闲着。只要眼睛能够看见东西，他就读书或者作实验。

当时，文化发达的佛罗伦萨已经有了图书馆。父亲为他办理了借

书证。伽利略利用这个便利条件，经常到图书馆寻找自己喜欢的书。

文森西奥看着伽利略的眼睛渐渐好了起来，严肃地对伽利略说："我不允许你用一生的时间去当个修道士，但是也不能一直待在家里面无所事事。"

伽利略问道："可是，父亲，您不准我去当修道士，那我还能做什么呢？"

文森西奥淡淡地说道："至于这个，我都已经替你安排好了。你已经17岁了，也已经接受了初级教育，下一步，我想让你继续去深造。"

伽利略疑惑地问："父亲，你不准我学习神学，那我还能深造什么呢？"

文森西奥充满期望地说道："孩子，你可知道我给你取了'伽利略'这个名字，这里面有我多少期望。同时，我相信这个名字也能带给你一个美好的、光明的前程。"顿了一下，他又接着说道："我打算让你去学医。"

当医生？伽利略从来没想过。

过去，他曾经想当一个像达·芬奇那样的画家，因为达·芬奇的艺术作品不仅能像镜子似的反映事物，而且还以思考指导创作，从自然界中观察和选择美的部分加以表现。

达·芬奇的著名壁画《最后的晚餐》《安吉里之战》和肖像画《蒙娜丽莎》是世界艺术宝库珍品中的珍品，是欧洲艺术的拱顶之石，它曾经使伽利略仰慕不已。

伽利略还想当一个像哥白尼那样的天文学家。哥白尼论述的地球绕其轴心运转、月亮绕着地球运转、地球和其他所有行星都绕太阳运转的理论让伽利略十分着迷。他曾经非常想进入这样一个世界。

而进了修道院以后，他又很想当一个修道士。现在父亲要让他去当一个医生，他不知道当医生有什么好处，也不知道怎样去当好医生。

他想了一会儿说："父亲，可是，学习医学要很大一笔钱的啊。"

文森西奥马上举起手，冲伽利略摇了摇："这个你不用担心，我都已经替你准备得差不多了，你只管去学医吧！"

"到哪里去学呀？"伽利略又问道。

"我们老家比萨城的比萨大学。下个月就去。学成后，你会名利双收的，孩子。"文森西奥深情地说道。

伽利略深受感动，不知道该说什么才好。他知道家里拿出这笔钱来是很不容易的。父亲为了这个家能够重新振兴起来，不知付出了多少心血。

虽然学医这个决定对于伽利略来说有点太意外了，可是，他看到父亲爬满了皱纹的额头和如雪的白发，最后的一点点反对意见也被收藏起来了。

上大学开始学医

伽利略的父亲早就发现儿子的天资很高，决定让他上大学。伽利略本人也对学习充满兴趣，很愿意上大学。当时佛罗伦萨没有合适的大学，父亲就让伽利略报考家乡的比萨大学。这个只读了几年中学的孩子，回到比萨参加了大学入学考试，结果很顺利地被录取了。

1581年秋天，伽利略要进大学读书了，可是，家里拿不出供他读大学的学费，在亲戚、朋友们的帮助下，才凑够了入学的费用。在专业选择上，父亲为伽利略选择了医学，因为当时当医生收入较高。

比萨大学为著名的意大利国立大学，也是意大利最古老的学府之一。比萨大学的历史最早可以追溯到1281年。

比萨大学是由佛罗伦萨的富商洛伦佐·德·美第奇创办的，设有文、理、医科等学院，坐落在比萨城郊。那里风景秀美、环境宜人，是一个读书求知的好地方。

比萨大学在当时是保守倾向较明显的学校，为学生开设的课程还保留着古老的传统，宗教、民法和医学是主要科目。受文艺复兴运动的影响，学校增设了哲学、数学、修辞学、天文学等科目。

伽利略对主修课都不喜欢，宗教课是他最反感的，民法也让他发困，而父亲让他学习的医学更无法引起他的兴趣。主要原因是，当时的教材和教学方法都缺乏科学性和必要的实验，而且许多医学理论不是错误的就是带有很严重的迷信色彩。

第一课是学习公元前的医学家希波克拉底的四液体学说。

希波克拉底的"四液体学说"认为，人的身体内有四种液体，即血液、黏液、胆汁液和他认为可以使人产生忧郁的一种液体。

人的身体要想健康，就要这四种液体分配得当。否则，就会引起各种各样的疾病。他的理论还认为，人的性情之所以有差异，就是因为这四种液体在体内处于不同的平衡之中。

既然这四种液体决定了人的健康状况，那么一旦人生了病，就要理所当然地按照四种液体比例失调的理论来指导治疗的方法。

课堂上教授振振有词地说道："这样，古代的大医学家希波克拉底就找到了人会得病的原因，就是体内四种液体失调。医生就可以按照这一理论去探索治疗疾病的方法。例如人高烧不退，这是体内的血液过多，怎么治疗呢？要放血，把多余的血放出去，病就好了。再如人的胃肠肿胀，就是胆汁过剩，怎么治呢？用泻肚子的方法就可以，把多余的胆汁泻出去，胃肠肿胀就会消失。"

在这些方法中，最被推崇的就是"放血"了，这一招几乎是每病必用的。所幸的是，这一招并不是任何人在任何时候都可以用的。

多亏了有这么一点点的约束，否则，这一招被医生们看来是"撒手锏"的东西，不知道要害死多少人。庸医"杀人"的惨况，连统治者都有些看不过去了。

英国的国王亨利八世曾经怒气冲冲地颁布过一项法令，法令上说："许多无知之徒，他们大都不懂医学，也不懂任何别的学问，有些人甚至目不识丁，但人们却都无畏地、习以为常地接受他们的种种怪异的治疗。对此，上帝深感震怒，医学界亦蒙受奇耻大辱。而国王的子民也广受悲惨的伤害和摧残。"

这项法令，从一个侧面反映了当时医学的落后状况。在医学界，到处泛滥着迷信、神秘主义和虚假的理论。可是，就是这样一些东西被奉为金科玉律。谁也不允许去怀疑它，否则，就会被认为是大逆不道、罪该万死。

伽利略听着教授的讲课，突然想起前几天和父亲一起到佛罗伦萨大剧院看的一出喜剧。演的是一个庸医用放血疗法治疗疾病的故事，讽刺庸医的可笑与愚昧。伽利略想，希波克拉底的四液体学说，好像就是剧中讽刺的害人的庸医学说。这样的学说为什么教授还在大学里讲授？

想到这里，伽利略乘教授讲完一节之后，提出问题："教授阁下，您刚才讲的四液体学说，有人说它是庸医的学说，对不对？"

教授立即停止了讲课，反问道："谁说希波克拉底的四液体学说是庸医学说？难道人人公认的古代大医学家还有错吗？"

伽利略想了想，很有礼貌地回答："是在一出话剧里演的，一个庸医用四液体学说治病，害死了不少人，遭到了人们的唾骂！"

教授气得浑身颤抖，怒不可遏地说："胡说八道！那是演话剧，不是现实生活。年轻人，你是不是有些太狂妄了，应当学会尊重前人、尊重老师！"

伽利略被教授批评了一通，感到很委屈。他认为话剧里演得很真实，而且如果什么病都用放血这种方法来治疗的话，那么人身体的血液岂不是会被大量地放掉，人体缺血，也是很危险的。伽利略感觉自己的提问没有错，教授这样严厉的斥责，使他感到很伤心。

过了几天，又上解剖学课。

进入课堂后，看到讲桌旁的大桌子上摆放着人的尸体。老师讲人体的血管和肌肉，只是照着书本讲解，让助手把尸体抬起来让学生们看一下。可是人体上肢下肢里面的血管、肌肉是什么样是看不见的。

伽利略很想亲自用解剖刀去切开肢体，看一看里面的奥秘。于是在课后，他向老师提出解剖尸体的想法。老师说："每个人的身体都是上帝赐予的，是神圣不可侵犯的，怎么能用刀切开呢？"

伽利略认为，解剖是实实在在的实验课，如果仅仅简单地背诵名词就能了解人体的话，那说明人体结构太简单了。

伽利略公开说："如果我们只是坐在课堂上听老师用嘴巴讲解剖，而不接触实际，我们将来怎么给人看病？难道动动嘴就能把病人治好吗?"

伽利略的议论被一些学生汇报给老师。教授们对伽利略有了看法,多次在课堂上对他提出批评。面对学校的压力,伽利略对医学更加反感。

由此,伽利略对解剖学的学习兴趣大减。每当上这门课,就感到枯燥乏味、疲劳困倦。

大学开的一些课程有的内容陈旧,有的还有迷信、虚假的成分,最令伽利略头痛的是,有的老师上课照本宣科,使学生听得味同嚼蜡,还不准提出疑问。

伽利略日复一日地受着煎熬,他的那种注重实践的精神让他再也忍受不了老师的纸上谈兵了。有一天,老师还是一如既往地照本宣科,使学生听得味同嚼蜡。伽利略气愤地站起来,问道:"老师,您怎么证明您刚才说的理论?"

多年如一日的教学,老师早就已经把习惯当成必然了。突然从座位上站起来的伽利略,真是给了老师一个不小的意外。老师有些惊慌地说道:"这,这个难道还有问题吗? 书上写得清清楚楚,而且,亚里士多德也曾经说过。"

伽利略见老师如此回答他的问题,想如果你连推理的条件都找错了,你怎么可能得出正确的答案呢? 于是,伽利略慢条斯理地说:

"老师,您刚才说您讲的都是正确的。您说它正确是因为亚里士多德说他正确,可是,老师,万一亚里士多德说错了呢?"

伽利略的一席话,让整个教室一下子变得鸦雀无声。伽利略自己也被同学们的反应吓了一跳。他有些惊诧地向四下里望去，所有的同学都带着陌生、惊异的眼光看着他，而讲台上的教授，已经气得说不出话来了，脸憋得有些发紫。他定定地看着伽利略，大声地斥责道："伽利略，你不要好高骛远、妄自尊大。你要先学会尊重前人，学会尊重老师！否则，请你离开这个教室。"

伽利略感到委屈，他只不过是说了一句浅显的道理，老师怎么会如此雷霆大怒？亚里士多德是伟大的，这一点，伽利略也心悦诚服。

可是，亚里士多德也不是全知全能的神，为什么亚里士多德就不能犯错误呢？如果亚里士多德和希波克拉底的话都是正确的，那么，人们为什么还要请上帝来指点迷津呢？

发现摆的等时性

在比萨大学学习不到半年时间，伽利略就对学习医学失去了兴趣。他很想转学别的专业，但一想到父亲的期望，就没有勇气提出来。

伽利略只好耐着性子继续听课。碰到上医学理论课或解剖学课，他只好在下面偷偷地阅读其他书籍。

与此相反，伽利略对于大学开设的非主要课程，如数学、哲学、修辞学、天文学等，兴趣却非常浓厚。他把研究哲学当成一种精神享受，而把数学看作真正的学问，在学习天文学时，他总是试图用数学方法去计算天体的运行规律。

伽利略虽然在比萨大学的课堂里出现着，可是，他的脑子里想的都是让他感兴趣的问题。

1583 年，一个星期天的中午，伽利略吃完午饭，走出比萨大学的校门，在街上散步。

伽利略成为医科大学生已经一年多了，他的心情始终不好，整天闷闷不乐。课余时间，他常常走出学校，到城内各处散散心。

离比萨大学不远，有一幢白色大理石建筑是比萨大教堂。教堂有四层楼高，楼上有一尖形塔楼。教堂内装饰华美、庄重，充满神秘的宗教气氛。

比萨大教堂是比萨艺术的最高杰作，从 1068 年开始花了 50 年才建成。教堂的正面有四层圆柱装饰，正面和入口处大门上的罗马风格的雕像非常精美。

伽利略信步走进教堂，正赶上教徒做礼拜散场，人们鱼贯走出大厅。霎时，大厅里只剩下伽利略一个人。他坐在大厅正中，望着天花板的一盏吊灯出神。

这时，大厅外突然吹进一阵凉风，将开着的窗户吹得里外摆动，同时也吹得大吊灯左右摇摆。

伽利略定定地看着那盏灯，它有多么悠闲啊！伽利略长时间地看着，看着，他突然觉得这盏灯好怪啊！到底怪在哪儿呢？

伽利略被这盏灯吸引了全部的注意力，他开始认真观察这盏灯的摆动。突然，一束光亮冲进了他的脑子里。这盏灯的摆动幅度虽然在慢慢变小，可是，它每次往返的时间都是一样的。怎么会这样呢？伽利略陷入了深深的思考。

伽利略想，怎样才能作一个精确一些的证明呢？他想到了达·芬奇，在他看过的一本书上达·芬奇说，血液好比是山川江河里的流水，从海里上升到空中而变成云，云散到大陆上又变成雨，下落到山川河流中又返回大海。如此反复，循环不已，形成了有规律的运动。

伽利略想到了，人体的血液也是在血管里生生不息地运动着，很有规律地撞击着血管壁，每当他头痛的时候，他都会感觉到太阳穴有规律地跳动。可以用血管的脉动来做一个证明。

伽利略突然想了起来，在学习中曾经有过，用人的脉搏可以测量时间，想到这儿，伽利略伸出自己的右手，按着左手的手腕，他一边数着脉搏的跳动，一边盯着摆动的吊灯。

他的猜想被证明了，果真不错，吊灯每次摆动的时间都是相同的，这说明亚里士多德一定是错了。

可是，向亚里士多德发起挑战是需要勇气的，要比德国传教士马丁·路德攻击天主教时的勇气还大。他决心进一步通过作实验来证明自己的观点。

伽利略抑制不住兴奋，几天来的郁闷一扫而光，他立刻跑到了学校的宿舍里，找来两根绳子，截成一般长，又找来两个重量不相同的球，系在绳子一端。然后分别将两根绳子系在棚顶上。

一切都已经准备就绪了。

他的两只手分别拿着两个球，他把其中一个抬到很高的位置，而另外一个，则只把它抬到了一半的高度。这时，他同时放手了。

伽利略屏息凝视，他仔细观察着小球的摆动，两个小球一会儿向左，一会儿向右，摆个不停。慢慢地，它们越摆幅度越小，直到最后停止了，几乎是在同一时间停止。

伽利略反复作了好多次这个实验，结果都是一样的。伽利略的想法被自己证实了，他高兴极了，躺在床上，用颤抖的手指揩拭着额头上的汗珠。

伽利略太兴奋了，他努力抑制着自己的激动。忽然，他又从床上跳起来，走到桌子前，想象着不久的将来，他要在全校师生的面前发表自己的见解，他的已经被实验证明了的见解。

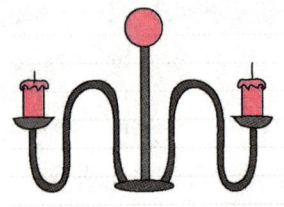

伽利略兴奋地将自己的观点告诉他的同学，他说："我最近通过自己的实验发现了亚里士多德的一个错误。他说，两个不同重量的物体，如果同时下落的话，那么重的物体下落的时间会短、速度会快。"

"可是，这里有两个不同重量的铁球，我把它们分别挂起来，让它们同时摆动，就像我们常常在教堂里看到的吊灯一样。在它们摆动起来的时候，就会有下落

的趋势。那么，如果亚里士多德说得是对的，则重的球就应该先停止运动。可是，现在这两个球是在同一时间停止的。"

同学对他的实验也都感到很惊讶，但最后还是迷惑地说道："你说的似乎是有道理的，但我对亚里士多德是没有丝毫怀疑的，你作的摆动实验能够证明什么原理呢？有什么用处？我也说不清楚。不过，你如果告诉老师和其他同学这些事情的话，只会遭到他们的批评和白眼。"

同学的话，虽然说得伽利略有些灰心，但是他依旧积极地投入到了数学和哲学的学习当中。

伽利略在自由的研究空间里，弄明白了"摆的等时性"原理，即摆动的周期与摆的长度的平方根成正比，却与摆的重量无关。这个善于钻研的青年，从现象追踪到了事物的本质，找到了摆动的原理。

一天，伽利略到大学的医务室去看病，医生给他诊脉，说他的脉跳得很快。但是，因为那时没有钟表，数脉搏只能靠估计，一点儿也不准确。

伽利略在看病的过程中，突然想到，用摆动的特性来当钟表，岂不是可以用它来做测量脉搏的仪器？

摆动特性的发现，依旧大大刺激了伽利略潜伏多时的创造力。他的生命力完全爆发了出来，他的脑子迅速地运转着。他很快发现，如果拴铁球的链子的长度不同，或者说摆长不同，他便可以得到不同的摆周期。

这个时候，他联想到，如果他用这种特性来当钟表，不就可以作为测量脉搏的仪器了吗？

伽利略把他的想法告诉了一名同学："你知道，现在医生测量脉搏是不准确的，纯靠估计，如果医生有了我的这种仪器，就可以准确地测量出脉搏跳动的次数了。"伽利略兴致勃勃地说。

他的同学似乎也受到了启发："是啊！你说得很对，那你的发明一定会很受欢迎的。而且，如果你把它卖出去，那你就可以得到一大笔钱了。"

伽利略兴奋地说道："如果真有人买我的发明，那我就可以用这笔钱帮父亲还账了，而且还可以给自己买一双新鞋。"

伽利略说着，眼睛落到了他的那双鞋上，那是一双已经露了好几个洞的鞋，伽利略已经穿了好几年了。

"这双鞋该换换了，老是往里面进沙土。"伽利略不好意思地说着。

"你可以先试一试呀！"同学鼓励伽利略。

伽利略从校园和比萨城街道上捡来木板、铁块、铜丝、钉子等废旧物资。他白天上课，晚上回到宿舍里，用这些东西制造脉搏计时仪。经过许多天的制作和修改，脉搏计数仪终于成功了。

这天晚上，在学生宿舍里，伽利略叫来了好几个同学。他拿出一个长方形木盒，立在桌子上。盒子里面有几根铁丝，下面吊着一个钟摆样的装置。

伽利略对大家说："你把这根绳子绕在仪器的顶端，把铁片固定在绳子的下端，让它摆动。如果你要绳子短些，就把绳子绕紧，要想让绳子长些就把它放松。"

伽利略用这个装置一个一个给宿舍里的同学们检测脉搏，结果都很准确。

"这是一项很重要的发明，我们应当把这个仪器送到医务室去，让医生们试一试，看看对诊断疾病有没有用处。"有同学惊诧而又兴奋地说道。

在同学的鼓动下，伽利略将脉搏计时仪捧到大学医务室。医生们反复测试以后，认为它是检测脉搏的好仪器，准备在诊断疾病中使用。

过了一段时间，伽利略用一根细的轻金属条做了个新摆，把一块

小铁片固定在它的末端。

伽利略让铁片能沿着金属条往上移动，铁片能固定在金属条的任何部位。铁片处在金属条的底部时，金属条就摆动得慢，铁片的位置高一点，金属条就摆动得快些，铁片处在金属条的顶端时，摆速就会更快。

然后他把一块大铁片固定在一根绳子上，绳子绕在一个轮子上，铁片将绳子往下拉，就能转动轮子。

伽利略对他的同学解释说："这个轮子有齿，它有特殊的用途。这个摆有个小舌簧，舌簧扣在轮子的齿上。轮子转动时，就会把舌簧弹出去，振摆就会摆向一边，就像这样。"

伽利略一边向同学表演，一边说："当振摆摆回来时，舌簧就会扣在第二个齿轮上，然后轮子又会把舌簧弹出去。舌簧会一个挨一个地扣在每个轮齿上，而每个轮齿都会把舌簧弹出去。这样，轮子就会慢慢地转动。"

在比萨大学，一位学医的学生发明了脉搏计时仪的消息不胫而走，不少学生到医学院宿舍向伽利略表示祝贺。

过了不久，脉搏计时仪就成了比萨城一带医生们常用的医疗诊断设备。但伽利略因为忙于学习，并没有制成大批仪器出售，也没有赚到一分钱。

30 年后的 1672 年，荷兰科学家惠更斯利用伽利略的"摆的等时性"原理研制成功机械记时钟。从此，人类有了比较准确的记载时间的钟表，可以按时间去做任何事情。这是惠更斯对人类的最大贡献。追本溯源，这功劳首先应当归伽利略。

结束大学生活

伽利略进入比萨大学学习医学已经一年多了，他还是硬着头皮去听课。课桌上摆着医学书籍，他却在下面读阿基米德或欧几里得的著作，就这样抓紧一切时间偷偷地获取他喜欢的知识。

喜欢独立思考、善于钻研问题的伽利略，对于他所喜欢的亚里士多德学说，越学习越觉得有问题，特别是对教授所说的"所有的科学问题都已经最终被亚里士多德解决了"的结论，更是表示出极大的怀疑。

学校规定，如果学生和老师敢于提出新奇的设想反对传统学问，任何教授都有责任用亚里士多德的论点予以批驳。

然而，伽利略不听这一套。他认为，亚里士多德未必都正确。亚里士多德认识的世界是有限的，怎么可能解决所有的问题呢？如果亚里士多德把所有科学和哲学问题都解决了，那么，后人的头脑又有什么用呢？他决心用数学和实验的方法发现新问题、提出新观点。

在伽利略受到吊灯的启发，进而发现摆的等时性之后，他自然而然就推翻了有关亚里士多德的许多理论。

一天早晨，伽利略从宿舍出来，在去餐厅吃饭的路上，听几名同学说，在宫廷任职的数学家里奇要来校讲课，今天上午在大礼堂讲欧几里得的几何学。

于是，伽利略吃完早饭，早早来到大礼堂坐在最前排。很快礼堂里就坐满了学生，后来的同学没有座位的就在过道和走廊里站着听讲。

里奇讲的是欧氏几何，也就是欧几里得的《几何原本》。讲解了

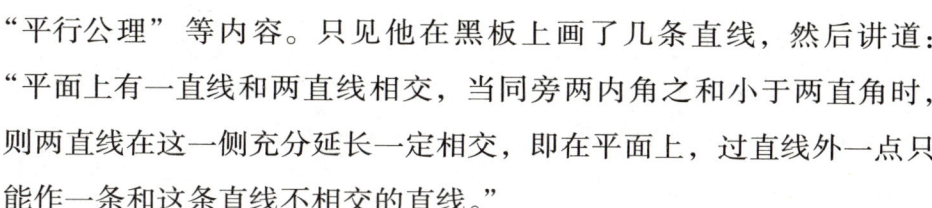

"平行公理"等内容。只见他在黑板上画了几条直线，然后讲道："平面上有一直线和两直线相交，当同旁两内角之和小于两直角时，则两直线在这一侧充分延长一定相交，即在平面上，过直线外一点只能作一条和这条直线不相交的直线。"

少年时代，伽利略就曾跟着里奇学习数学，里奇将"平行公理"讲得十分明白，这让伽利略很感兴趣。

《几何原本》是古希腊数学家欧几里得所著的一部数学著作，共13卷。这本著作是现代数学的基础，在西方是仅次于《圣经》的流传最广的书籍。

在《几何原本》里，欧几里得系统地总结了古代劳动人民和学者们在实践和思考中获得的几何知识。

欧几里得把人们公认的一些事实列成定义和公理，以形式逻辑的方法，用这些定义和公理来研究各种几何图形的性质，从而建立了一套从公理、定义出发，论证命题得到定理的几何学论证方法，形成了一个严密的逻辑体系几何学。而这本书，也就成了欧式几何的奠基之作。

2000多年来，《几何原本》一直是学习几何的主要教材。

以后每当里奇来校讲课，伽利略必定前往认真听讲，而且总是早早地来到大礼堂坐在最前边，一边听讲一边记笔记。有时遇到不明白的地方，还向里奇提问。

里奇从伽利略提出的问题中发现伽利略在数学方面确实有着很高的天赋，于是对他夸奖和鼓励了一番。里奇的鼓励和赞扬给了伽利略更大的信心，他决心从事数学研究。

读大学期间，伽利略逐渐形成了良好的思维习惯，他从不忽略任何看起来似乎微不足道的现象，认为任何现象中都可能包含着未曾发现的问题。他喜爱实验，善于从实验过程中根据观察概括和归纳问题。

在实验研究中，伽利略表现出了非凡的创造力。他讨厌运用抽象的哲学理论掩盖实际问题的存在。他说："自然现象不论是多么细微，各方面看起来多么不重要，都不应该被哲学家轻视，而应该同样地看重它，探究它存在的根源。"

伽利略在大学的表现不能让教授们满意。他经常情不自禁地提出一些与传统思维格格不入的观点和问题，还把大量的时间用在学校反对的实验研究中。

学校把伽利略在学校的表现和学校的意见写信告诉了伽利略的父亲，要求他警告自己的儿子，遵守学校的规矩，少发表一些奇谈怪论，否则，有被开除的危险。

文森西奥听说伽利略在学校不好好学习医学，甚至不去听课，跟着数学家里奇学习欧几里得的几何学，很是生气。

在一个周末，伽利略回到了家里，文森西奥将伽利略叫到一旁说道："听说你不愿学习医学，是吗？"

"是的，父亲。"伽利略坦率地回答。他知道父亲的专横，于是赶忙又接着说道："你知道托斯卡纳的宫廷老师里奇吧！他前两天来我们学校作了演讲，我很喜欢他的演讲。他可真是一个博学的人啊！我向他提了一些问题，他对我的问题很感兴趣，并且夸我提的问题很有水平。"

"你不想学医学，难道想学数学吗？你们学校根本就没有这门课程。"文森西奥大声地向伽利略质问着。

伽利略看到父亲非常气愤，知道一场暴风雨又要来了，但他还是坚持自己的观点，小声地说道："是的，父亲，我想学数学，不想学医。"

伽利略的话还没有说完，文森西奥已经气恼地叫道："你居然不想学医了，那你这么多的时间不是都浪费了吗？那你的学费也不都付诸东流了吗？"

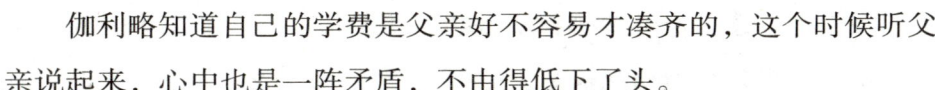

伽利略知道自己的学费是父亲好不容易才凑齐的，这个时候听父亲说起来，心中也是一阵矛盾，不由得低下了头。

文森西奥见伽利略低着头不说话，继续说道："我曾告诉过你，你是家里的长子，肩上的担子很重，就算我和你母亲不指望你，你还要为你的两个妹妹每人准备一份像样的嫁妆，还要供你弟弟米盖上学吧！想一想，你的担子有多重？"

"父亲，你说的这些我都知道，可是……"伽利略抬起头，却一时不知道该说什么好。

文森西奥继续说道："你知道就好了。伽利略，我在你身上寄予了太多的希望。我没有让你在家里帮我忙生意，我给了你连我自己都没有机会去接受的最好的教育。可是，你居然想去学数学。"

父亲又把他的那一套理论搬出来了，伽利略陷入理想和责任的矛盾中。他体会着父亲的苦衷，他觉得在父亲的期望和自己的责任面前，自己的那一点理由显得那么苍白无力。是啊！一个人生活在世界上，怎么可以光为自己考虑呢？怎么可以为了自己的兴趣和爱好而不顾一切呢？

文森西奥要求伽利略多花些工夫学习医学知识，以便将来成为一个好医生。

伽利略只好保证，以后尽量少地学习数学。但是他对医学课还是丝毫不感兴趣，没办法，就只好偷偷地自学数学和哲学的一些课程。

一次在一个朋友的晚宴上，文森西奥碰到了里奇。

两人相遇，里奇将伽利略夸赞了一番，并且告诉文森西奥希望伽利略能够跟他一起学习数学。因为，他发现伽利略在数学和哲学方面很有天赋。

但是，里奇的建议遭到了文森西奥的坚决反对，并且他还向里奇问道："学校里开数学课吗？数学学习结束后，有人聘用吗？能够赚到钱养家糊口吗？"

文森西奥让里奇见到伽利略后劝一劝伽利略，一定要让伽利略认真学医，将来要替他担起这副家庭的重担。

里奇虽然暗叹可惜，但也只好答应了文森西奥的要求。

里奇教授在一次讲课中遇见了伽利略，按照老朋友文森西奥的要求规劝了他一番，结果不但没起任何作用，反而使伽利略更加坚定了不学医学的决心。文森西奥得知此事后，气得暴跳如雷、连声大骂："不听话的混账东西。不愿学医，我还给你拿什么冤枉学费！"

很快，文森西奥拒绝支持伽利略在比萨大学的学习，断绝了他的一切生活来源。1584年，伽利略在比萨大学学习3年之后，便退学回到佛罗伦萨家中。

顽强地坚持学习

伽利略离开比萨大学，心情是矛盾的。他以后不用再看老师们的脸色和同学们的冷嘲热讽了，他也不必勉强自己再去上那些枯燥乏味的课，不必沿着这条自己并不感兴趣的路走下去，而且以后进入一个他并不喜欢的行业了。

然而，他没有把欧几里得和阿基米德等数学著作读完，也感到很扫兴。好在当他离开比萨大学时，已经发现了单摆的等时性原理，还发明了脉搏计时仪，这对他来说，是最大的安慰。特别是想到回到家中有了充裕的时间，可以仔细、认真地把欧几里得和阿基米德的著作读完，这使他感到好像是从牢笼里解脱出来，立刻呼吸到自由新鲜的空气。

1584 年，伽利略没有拿到大学文凭，就从比萨回到了佛罗伦萨的家中。他帮着父亲照看铺子，打下手。闲暇时，他就会拿出他喜欢的书，继续琢磨单摆的奥秘。

文森西奥想求校方给伽利略发一张文凭，以便日后当医生，可是，比萨大学拒绝了他的要求。文森西奥很失望，而伽利略则无所谓。他正好不愿意当医生。

伽利略也不喜欢做生意，站在铺子里，只是他为这个家庭出一份力，为父母减轻一份负担。所以，铺子里的他，表现得当然不会令人满意。

伽利略的心里仍旧被欧几里得的数学占据着，不可能全身心地经营商店。没有顾客时，拿起欧几里得的书就忘记了一切。有时还伏在柜台上乱画一气，嘴中念念有词。

看到伽利略总是一副若有所思的样子，文森西奥和吉乌莉娅就气不打一处来，他们觉得这个儿子一点责任心都没有，又不勤快，每天走火入魔般陷入深思，口中还念念有词，在纸上胡抹乱画着。

可是，儿子毕竟已经 20 岁的人了，不能天天像小孩子那样张口就把他骂一顿，于是，他们给伽利略一些暗示，希望他能慢慢认识到这一点，可是，收效并不大。

文森西奥气愤地大声训斥道："既然不愿意学医，就当我的学费都打水漂了。可是，你如今 20 岁的人了，总该有个职业了吧！如果学会做生意了也挺好的，今后这个店铺也还不是你的吗？可是，你看看你现在的这个样子是在经营商店吗？照这样下去，我们的东西不赔光才怪呢！"

但是，关店门以后，伽利略躲在房间的角落里，仍旧是看书，偶尔往纸上写些什么东西。家里人睡觉以后，他拿一盏小油灯到厨房去还是看书。伽利略自学数学，简直到了痴迷的程度。

有一天，伽利略又在专心致志地看书，这时，母亲走了过来，一把夺过他手中的书，说道："整天就知道看书，看这些东西有什么用呢！你看你，是家里的老大，可哪里有老大的样子，你看你的妹妹们每天还不是帮我们提水、劈柴，你做大哥的更应该给他们做个榜样。"

听到这些批评，伽利略立刻放下书本走向正在井边提水的妹妹们。

"来，让我来吧！"伽利略拉开了弟弟妹妹。看到满身是汗的弟弟妹妹们，伽利略不由得意识到，为这个家，他做得太少了。他提着两桶水回到屋子里。

父亲看着伽利略把水放到厨房，将伽利略叫了过去，说道："现在，你既然退了学，就应该在家里好好学着做生意，你是家里的长子，今后这一大家子都要靠你。"

"你不要瞧不起做生意的商人，当年，父亲也是瞧不起这些商人

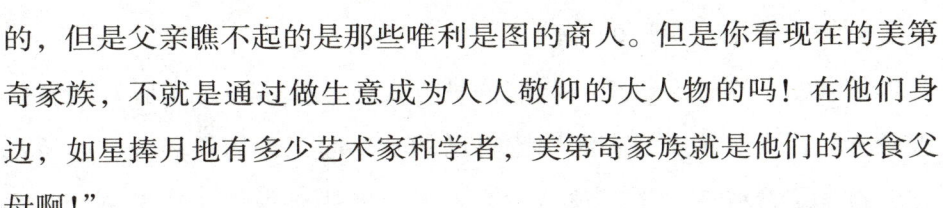

的，但是父亲瞧不起的是那些唯利是图的商人。但是你看现在的美第奇家族，不就是通过做生意成为人人敬仰的大人物的吗！在他们身边，如星捧月地有多少艺术家和学者，美第奇家族就是他们的衣食父母啊！"

伽利略对于父亲的这种教诲已经习惯了，站在一旁静静地听着。

父亲继续说道："伽利略，我希望你能成为你弟弟的榜样，他极有音乐天赋，我希望他在这方面有所发展，所以，他的前途有一半是在你的肩膀上的，你知道吗？可是你什么都做不好，医学不想学了，半途而废，生意你也不用心做，你这个样子让我很担心，你到底想干什么？我以后可怎么指望你来养我老？"

对父母的训斥和责怪，伽利略都不作声，仍旧坚持自学。手头的几本书学完后，他趁出去进货的机会，跑到里奇教授那里换回几本新书，或者去请教一些问题。

文森西奥经常看着伽利略摇头叹息，他真拿这个儿子没有办法了，该说的都说了，都说过不知多少遍了，可是，他还是一点起色都没有，这个儿子真是太让他头痛了。

一天，里奇来看伽利略父子。他看见伽利略闷闷不乐的样子，就鼓励他说："对科学的追求是人类最高尚的事业。你既然热爱科学，就应该为之努力。"又对伽利略的父亲说："你儿子是了不起的天才，希望不要埋没他的天资。我们的社会并不缺少店员，却缺少科学家。"

里奇的话对父子俩都是个极大的鼓舞。它使父亲不再干预儿子的学习和实验，使伽利略看到了前途和希望，从而帮助他解脱了苦闷。

没有拿到大学毕业证的伽利略，在里奇的鼓励下，又开始了对科学知识的研究和实验。在自学中，伽利略自发地总结出自己的学习方法。

他意识到，人的理解力可以表现为两种形态：一种是深入理解，把前人总结出来的科学道理推进一步；另一种是广泛理解，把人们已经了解的理论推向更广的范围。

伽利略发现，自己更喜欢前一种方式，也就是通过实验，把科学理论推向深入。这个身在店铺为自己的生存而工作的年轻人，心里却装着科学。在科学的学习与探讨中，他逐渐从涉猎广泛的学科，逐步集中到研究物理学、天文学、实验科学等学科。

有一段时间，伽利略在读一本古希腊科学家阿基米德的关于《浮力定律》的书，内容十分有趣，他读起来一刻都不肯放下。

公元前287年，阿基米德诞生于西西里岛。他出身贵族，与叙拉古的赫农王有亲戚关系，家里十分富有。

阿基米德的父亲是天文学家兼数学家，知识渊博，为人谦逊。他11岁时，借助与王室的关系，被送到古希腊文化中心亚历山大里亚城去学习。

亚历山大位于尼罗河口，是当时文化贸易的中心之一。这里有雄伟的博物馆、图书馆，而且人才荟萃，被世人誉为"智慧之都"。

阿基米德在这里学习和生活了许多年，曾跟很多学者密切交往。他在学习期间对数学、力学和天文学有浓厚的兴趣。在他学习天文学时，发明了用水利推动的星球仪，并用它模拟太阳、行星和月亮的运行及表演日食和月食现象。

为解决用尼罗河水灌溉土地的难题，他发明了圆筒状的螺旋扬水器，后人称它为"阿基米德螺旋"。

在《浮力定律》一书中，介绍阿基米德在发现浮力定律时有个生动的故事，使伽利略欣喜若狂。

据说有一次，国王希洛让金匠为他制作一顶王冠。他给了金匠一块黄金。王冠做成之后，国王感觉王冠的颜色不如黄金色彩好，比真正的黄金白一些，因此，他就怀疑金匠在王冠中掺了假。

国王这样怀疑，却没有根据。他让周围的大臣解决这一问题，没有一个人能够想出办法。

于是，国王就把阿基米德招来，把解决王冠之谜的任务交给了他。

那时候，人们不知道各种金属的比重，因此，除了把王冠丢到火中熔化之外，还找不到别的办法来确认王冠中是否含有别的物质。

阿基米德接受国王的任务后，陷入了长久的思考。

国王交给的任务，如果完成不好，轻则可能坐牢，重则会被抓去杀头。能不能解决王冠之谜，关系到阿基米德的生死存亡。

聪明的数学家犯起愁来。

有一天，阿基米德又困又累，就到街上的浴池，想泡热水澡休息一下。他进了浴室，脱了衣服，若有所思地进了单人浴缸。

阿基米德的身体往下一躺。由于浴缸中的水灌得太满，许多水就溢了出来。看到溢出的水，阿基米德恍然大悟。他大喊一声："我找到解决办法啦！"

他从浴缸里跳出来，光着身子，穿过大街，向自己家跑去。

他要验证自己的方法。街上行走的人，吃惊地看着这个裸体的男人，还以为他是个疯子。

阿基米德回到家中，在一只大盆里放上一只桶，在桶里装满了水，先把王冠放入桶中，把溢出的水收集起来并称出这些水的重量。

然后，他带着工具和王冠来见国王。

阿基米德拜见了国王后说："尊敬的国王陛下，如果你能借给我与王冠重量相等的黄金，我就能计算出王冠是否掺了假。"

国王有些不解地问："是吗？"

随后，他马上让人拿来阿基米德所需重量的黄金。

阿基米德就在宫中作了同样的实验。结果，王冠放入水桶中，排出的水比相同重量的黄金多。

阿基米德告诉国王，王冠中确实掺了假。希洛国王命令把金匠召来。

在科学家面前，这个自认为不会有人能够破解王冠之谜的金匠，不得不老老实实地承认，他用白银偷换了一部分黄金。

伽利略读了这个故事以后，找来木盆盛满水，也用木棒、石块作了几次实验，得到的结果和阿基米德的实验结果相同。这使伽利略很兴奋。

伽利略顺着故事，继续向深层研究，他认识到，一定的体积与一定的重量肯定有一种确定的比例。这个比例的差别，与物质本身的密度有关。

伽利略根据自己的推断进行实验，发现了两个可供研究的问题，一个是根据前人提供的密度表，可以测定一种不知名的新物质的重量。另一个是不同密度的物质，可能有不同的比重，而且，这个比重是可以测定的。

阿基米德解决王冠之谜的故事，把伽利略引向了用数学解决实际问题的途径。

在后来的研究中，伽利略总是充分利用数学工具，并且把数学和实验紧密结合起来，用定量研究方法，解决物理学、天文学等方面的许多重大问题。

有一天，伽利略忽然想到，能不能制作一个既简便又精确的测量团体含量的秤？

伽利略琢磨了好几天，在脑子里勾画出这种秤的蓝图。

这杆秤，用杠杆原理制作。一边放上砝码，一边放上被测物体。

测量时，把要测量的物体先在空气中称量一下重量后，再把它浸入水中称量，利用两次称量的重量之差，就可以得到所测量物体的比重。

1585 年，伽利略自己用手工制成了这种秤，起名叫"比重秤"，他拿到邻近的店铺进行测试，果然既简便又准确，受到店铺老板的赞誉。

于是，伽利略在 1585～1586 年，写了几篇关于流体静力学方面的文章，还写了一篇论述"比重秤"的"天才学术论文"。

伽利略将他的这些论文以及发明的一些仪器带给里奇看。

里奇看了伽利略的论文感觉很棒，并且告诉伽利略，应该先打好基础，将数学、物理等知识学得扎扎实实的，只有把数学基础打牢了，以后才能够往更宽广的方向发展。

伽利略的这些论文，得到了里奇的大力帮助和宣传，这使得伽利略在佛罗伦萨和罗马的学术界有了一定的声誉。于是，他开始向自己的目标继续前进了。

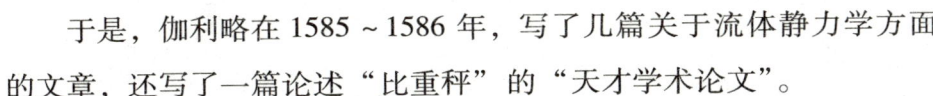

伽利略·勤奋地求学

为理想四处奔波

在 16 世纪的欧洲，所有的学者或者艺术家都是依附于权贵的，只有这样，他们才能得到足够的经济资助，才能把自己的学术研究进行下去。

伽利略带着数学家里奇的介绍信，奔走于各豪门之间。当然，他并不是每次都会受到礼遇的，如果碰到一些爱好学问的王子、公爵，他们看过介绍信后，才会给予伽利略一定的帮助。

里奇认为伽利略应该多接触数学，并且打好数学基础，他建议伽利略不妨去教点课，教学相长，进步会更快一些。而且还可以赚取一些钱，给家里减轻一些负担。

里奇认为伽利略的数学水平，做家庭教师是完全可以的，于是给伽利略介绍了一些富豪人家的子弟讲授数学。

文森西奥知道伽利略去给富家子弟教授数学，并且稍有名气后，并不是很高兴。伽利略从比萨大学退学，没有拿到毕业文凭，他始终耿耿于怀。

当文森西奥看到伽利略赚了一些钱后，依旧是语重心长地劝伽利略改行做生意，或者是继续学医，只有那样以后可以过上富裕的生活，才能挑起家庭的担子。

文森西奥说："你虽然天资聪明，原本能够成为有名的医生或者富豪，但是你现在两条路都不选，恐怕今后要挨饿了。"

伽利略听了父亲的话，考虑了好几天，他知道自己既然走到了这条路上，就必须深入地研究，或者是有更多的创作。当时的社会环境，像他那样刚刚有点儿名气的小辈，家庭和国家都不会出资帮助他去继续深造研究的，而且家里的经济状况本身就不是很好。

他对父亲说要再考虑考虑。

伽利略去找里奇老师。里奇看到自己的得意门生，坦白地告诉他："要到社会上去推销自己，要去主动地寻找自己的伯乐，取得权势、富豪人家的认可，得到他们的供养或是资助。只有这样，你的学习和研究才能继续下去。不然的话，就只好听从父亲的教诲，老老实实地回到商店去帮助他做生意。"

伽利略思考再三，认为今后所要走的路，还是学习、研究之路，别的路说什么都不能去走。尽管这条路到处是陷阱或荆棘，也必须挺起胸膛走下去。

伽利略下定决心之后，便在佛罗伦萨市推销自己，寻找能够帮助自己的人。

接下来的一段时间里，伽利略拜访了几家富豪人家，他们不是不见，就是瞧不起他的论文或发明，都不肯资助或供养他。

在伽利略走投无路的时候，他突然想起托斯卡纳大公斐迪南一世的儿子约范尼王子。托斯卡纳大公斐迪南一世是佛罗伦萨最高统治者，他有个私生子名叫约范尼，爱好读书、乐善好施。伽利略想，找找他，或许能有些办法。

伽利略仍旧携带着仪器和论文，来到约范尼的宅第。这是一幢高大的大理石建筑，气势雄伟，富丽堂皇。

几名仆人正在门口闲聊着，伽利略迎了上去，说道："先生们，你们好，有劳各位先生帮我禀报一声，我是伽利略。我想见托斯卡纳王子。"

几个人抬起头看了一眼伽利略，上上下下打量了一番，一看他的打扮就知道不是什么重要人物。于是，他们懒懒散散地说："你稍等等吧！现在托斯卡纳王子没空。"

伽利略心里非常清楚，不是托斯卡纳王子没空，分明是这几个仆人正聊得火热不愿去禀报。于是，他又走前一步，赔着笑脸说："先生们，我只需要几分钟就可以了，烦劳您给通报一下吧！"

几个人继续说笑着，没有理他。伽利略在一旁静等着。过了好一会儿，其中一个人起身，说："你等着啊！我进去禀报一声。"

不一会儿，那人出来了，说道："王子请你进去呢！"

伽利略高兴极了，这么长时间的等待总算没有白费，于是跟随仆人进了屋。

伽利略见到了正靠在长椅上的托斯卡纳大公的儿子。

对于伽利略来说，最重要的事情就是抓紧时间不遗余力地把自己的新发明和创造介绍给这些有钱的人们。

穿着华丽的王子接见了伽利略，问道："你叫什么名字，找我有什么事情吗？"

伽利略上前施礼回答："我叫伽利略，在主的恩赐下，发明了两件仪器，撰写了几篇论文，请您过目。"

伽利略将手中的发明和论文交给了王子，接着说道："王子阁下，这是我最近发明的两样东西，我的脉搏仪和测定固体比重的秤，都是十分有价值的，我的这种秤是根据阿基米德原理制成的。"

王子慢声细语地问道："你把这些东西给我看的目的是什么呀？"

"我在自学搞发明创造，需要经费资助。"伽利略迟疑了一下，终于说出了口。

王子观看了伽利略带来的两件仪器，翻阅了他的几篇论文，最后慢声说："看来你是个很努力、肯上进的年轻人，仪器和论文都很好，不过你太年轻了，没有里奇教授、达·芬奇那样的名气，我将你推荐给大公，他也不会接受你的。"

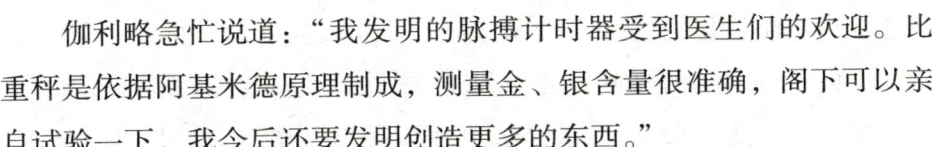

伽利略急忙说道："我发明的脉搏计时器受到医生们的欢迎。比重秤是依据阿基米德原理制成，测量金、银含量很准确，阁下可以亲自试验一下，我今后还要发明创造更多的东西。"

"你的忙，我实在帮不上。"王子说着伸了个懒腰，打了个哈欠，宣称他没有时间去听一个求职人的请求。

于是，他叫来他的秘书，把伽利略要说的话记下来，他现在要休息一下了。

伽利略感觉悲伤至极，他信步走到阿诺河边，想着自己祖先的丰功伟绩，然后又想了想自己的处境。他诅咒自己，感觉自己很没有用，一事无成。

一时间感觉自己所做的一切事情都没有任何的意义了，一会儿又鄙视自己，为什么要忍受别人对自己的颐指气使，为什么要忍受别人的盛气凌人，为什么要对他们献殷勤，怎么可以让他们来肯定自己的价值呢？

伽利略像幽灵一般在河边徘徊，几次想纵身跳进河中结束自己的生命。

但是，想到哺育自己成长的父亲、母亲，想到两个活泼美丽的妹妹，想到天真无邪整天唱歌的弟弟米盖，特别是看到手中拿着的花费了很大心血研究发明的两件仪器和怀中揣着的几篇论文，他终于渐渐地冷静了下来。

此时，伽利略的生存问题越来越突出。父亲的生意破产，一家人的生活成了问题。而伽利略已经成年，家庭对他不再有抚养责任，他必须自己养活自己。

伽利略想教几个学生，条件是这些学生能够供给他面包和黄油。这个看起来很简单的目标并不容易实现，因为，在当时的条件下，能够供得起黄油和面包的，只有贵族家庭，一般人家的生活条件很差。

可是，贵族们都愿意请有名的学者、教授当家庭教师，而不愿意请没有名气的年轻人，虽然经过里奇教授的介绍，偶尔会有几个家长愿意让伽利略给他们的孩子授课，但总不能长久。

走向社会之初的碰壁，使伽利略很懊丧。他又去找里奇帮忙。

他说："既然没有人愿意请我教他的孩子们，我现在又该怎么办呢？"

里奇鼓励伽利略，要多与科学家们交往，以请教的方式让他们了解自己。

他知道伽利略在科学探讨上是勇敢的，而在与人交往中却是腼腆的。他受不了那些教授们的傲慢和居高临下的态度。

里奇继续鼓励伽利略，在科学交流中，不要过多地顾及个人的面子，向别人求教不是耻辱之事，即使碰了钉子，也没什么大不了，应该以自己的真诚感动这些著名的科学家。

伽利略决定以虚心和虔诚的态度再次拜访城中有名的科学家。对伽利略的求学行动，父亲有些不理解。

他说："给你出钱上学，你不好好学习，现在离开了大学，连个毕业证都没有得到，反而要去大学请教老师。"

伽利略的诚意感动了一些科学家。他们终于让伽利略进入自己的书房或客厅，听一听伽利略提出的问题和见解。

科学家们认识到了这是一个不平凡的科学爱好者。他们对于伽利略提出的问题，都发表了自己的看法，这使伽利略受益很大。然而，当他提出到大学谋求教学职位时，却没有得到科学家和教授们的认可。

太多的失望和无奈，迫使伽利略不得不考虑新的方向。经过几天的思考，他决定到别处去寻找新的希望。

伽利略想，在佛罗伦萨是不会有人赏识我了，是不是应该换个地方？听人讲过，罗马是人才荟萃的地方，我为什么不到那里去？

他忽然想起罗马大学教授克拉威斯，伽利略曾经读过他的著作。我为什么不去找找克拉威斯？顺便还可以向他请教些数学疑难问题。

这天晚上，吃过晚饭，弟弟在一旁弹琴，两个妹妹在一起看书，

母亲在打毛衣，父亲则沉浸在弟弟的琴声中，弟弟在音乐方面的天赋一直是受到音乐家文森西奥的赞赏和青睐的。

伽利略这次主动走到父亲的身旁，说道："父亲，我想跟你谈谈。"

文森西奥从音乐的陶醉当中抬起了头，看了一眼伽利略，随口说道："是吗！要谈些什么呢？是不是决定做生意了？"

伽利略犹豫了一下，这才说道："我最近有一个新的打算。"

"什么打算？"文森西奥有些兴趣地问道。

伽利略说道："我想，既然我无法得到佛罗伦萨贵族们的资助，那么，我想去一些人才荟萃的地方，我要把我的研究成果展示给那些著名的数学家和科学家们看，我希望我的研究成果能够引起他们的重视，然后说服他们给我支持。"

伽利略已经都这么大了，父亲不会再像对一个小孩子那样处处管束着他了。出去开开眼界，也不见得是什么坏事。而且，在自己年轻的时候，也曾经有过这样的凌云壮志，也曾经梦想着到一个遥远而陌生的地方去探险。

"去哪里都可以，只要不干坏事就行。"文森西奥停顿了一下，这才接着说道，"可是，伽利略，你知道家里的经济状况，我没有钱给你买一套新衣服，也没有钱提供给你做路费。"

旁边的母亲也急忙说道："要去很远吗？你穿这件破旧的衣服能行吗？路上有钱吃饭吗？又在哪里住宿呢？到哪里去喝水呢？"

吉乌莉娅对儿子的决定感到有些担心，因为身无分文地去异地他乡，该是件多么辛苦的事啊！

这是伽利略最先考虑的一个问题，他淡定地说道："这个我知道，我已经想好了。我就是一个穷学生，穷学生出门还有什么要准备的。累的时候，就在街边路旁休息一会儿，水可以到山间地里的小溪里去喝，还有，吃的就更好解决了。"

"我在比萨上大学的时候，有一次听说，有一个学生从荷兰到巴黎上大学，一路上行乞充饥。他没有别的吃的东西，就吃面包屑，有的面包屑时间太久了都嚼不动了。为了提提精神，他一路上按照他所得到的面包屑的不同新鲜程度，用拉丁文写了一篇很长的学位论文，并在路上朗诵不止。我就打算照着他的样子去做了。"

虽然母亲吉乌莉娅很不赞成伽利略的这个计划，但最终没有拗得过有些倔强的伽利略，就这样在 1587 年的夏天，伽利略没有用家里的一分钱，靠着沿路乞讨，到达了罗马。

伽利略在罗马拜访了罗马大学的数学教授克拉威斯。

克拉威斯教授很热情，将伽利略发明的仪器和论文介绍给在罗马的几位学者，并召开了一个研讨会，请伽利略在会上宣读论文，演示仪器。出席会议的天文学家和数学家蒙特侯爵非常看重伽利略，认为他是个有培养前途的年轻人。

伽利略在罗马停留了一个多月，在克拉威斯教授的举荐下，他还访问了博洛尼亚大学和帕多瓦大学，与那里的学者进行了学术交流，学习了不少数学和物理学方面的新知识。

坎坷的生涯

为寻求真理的努力所付出的代价，总是比不担风险地占有它要高昂得多。

—— 伽利略

获大学教授职位

1587 年的秋天，伽利略回到了佛罗伦萨。文森西奥和妻子看见出门几个月的儿子瘦了许多，皮肤晒得黑黑的，只有两只眼睛炯炯有神。

伽利略高兴地说："在罗马，我的发明和论文受到几位著名学者的赏识，我实在高兴极了，真是不虚此行啊！"

罗马之行给了伽利略许多珍贵的记忆。他在那儿见到了克勒菲神甫，他对伽利略的发明十分欣赏，并给了伽利略很多支持和鼓励。能够得到他的认可，对于伽利略来说，实在是莫大的安慰。

可是，现实终归是现实，伽利略回到佛罗伦萨，他的前途仍然一片迷茫。他仍没有找到自己的用武之地。不久，宫廷数学家里奇给他带来了一个好消息。

伽利略回到佛罗伦萨不久，从罗马就传来信息，说佛罗伦萨有一位叫伽利略的年轻人，他的发明和论文都达到相当高的水平，特别是测量比重的秤，超过大科学家阿基米德的设计，是个难得的人才。

1588 年，佛罗伦萨学院院长请伽利略前去介绍他的发明和宣读论文，结果受到全体教师的好评。接着又请他给该院师生讲解但丁的《神曲》中"地狱篇"中关于地狱位置、大小和布局的内容。

《神曲》是意大利诗人阿利盖利·但丁的长诗。写于 1307～1321 年，全诗为三部分，即《地狱》《炼狱》和《天堂》，谴责教会的统治，但仍然未摆脱基督教神学的观点。

全诗共分三部，每部 33 篇，最前面增加 1 篇序诗，一共 100 篇。

诗句是三行一段，连锁押韵，各篇长短大致相等，每部也基本相等。

《神曲》是一部充满隐喻性、象征性，同时又洋溢着鲜明的现实性、倾向性的作品。但丁借贝娅特丽丝对他的谈话表示，他写作《神曲》的主旨，是"为了对万恶的社会有所裨益"。

《神曲》虽然采用了中世纪特有的幻游文学的形式，其寓意和象征在解释上常常引发颇多争议，但它的思想内涵则是异常明确的，即映照现实、启迪人心，让世人经历考验，摆脱迷误，臻于善和真，使意大利走出苦难，拨乱反正，寻得政治上、道德上复兴的道路。

伽利略曾经仔细阅读过《神曲》，并对它作过深入的研究。

但丁原著的注释者持两种对立的观点。伽利略根据地理学和数学知识支持早期的那些观点。伽利略的讲课获得很大成功。

佛罗伦萨文学院里的几位教授对伽利略的口才和学识极为赞赏，建议学院留下他担任专职数学教授。但该院数学教授已有人选。

原来，不仅里奇，另外还有好几位佛罗伦萨的知名学者对伽利略的科学论文和流体静力学分析十分赞赏，比如对力学颇有研究并十分赞赏伽利略的意大利人吉多波德侯爵。

恰好，比萨大学没有数学教授的席位，于是，这几位名流一同向托斯卡纳大公斐迪南一世提出建议，在比萨大学设立这一教席，并聘请伽利略来担当这个职位。

经托斯卡纳大公斐迪南一世的批准，比萨大学正式任命伽利略担任首席数学教授。经过多年的艰苦自学，历尽磨难和坎坷，25岁的伽利略终于成为一名年轻的大学教授。

这一职位后来授予了帕多瓦的一位天文学家马基尼，他因出版过一些著作而享有盛名。但是伽利略的一些发明和论述引起了吉多波德侯爵的兴趣。

这位侯爵写过一部重要的力学著作，从此直至1607年去世，他一直是伽利略的朋友和赞助人。1587年年底伽利略首次访问罗马时，他还结识了罗马耶稣会学院的数学家兼天文学家克拉威斯。

全家人在得知伽利略终于获得了比萨大学数学教授的职务后，都非常高兴，连以往极力反对伽利略学习数学、哲学的父亲文森西奥也拍着伽利略的肩膀高兴地说道："到底是贵族的后代，果然是出类拔萃，我早就知道我的儿子会有出息，会光耀门庭的。看来，我对你的教育真是没有白费心思。"

妻子吉乌莉娅却笑着说道："现在知道夸奖儿子了，当初他要学数学的时候，你是坚决反对的，儿子也不知道被你骂了多少回。"

文森西奥却说道："你懂什么，骂也是一种教育方式，要不是我当初那样激励他，他怎么会有今天的成就呢？"

但是，没过一会儿，文森西奥的高兴劲儿就被伽利略的年薪数额给浇灭了。

文森西奥有些垂头丧气地说道："恐怕你是所有教授里年薪最低的一个吧！靠你每年的这点收入，可能连我们为你借的那些学费还不够还呢！就更别提你两个妹妹的嫁妆了。"

伽利略对自己的未来充满了信心，他对母亲说："您别担心，我想，到时候我会有办法为她们准备丰厚的嫁妆的。我可以发明一些实用的东西，然后把它们卖掉，这样我就能有一些额外收入了。而且，我不需要什么新衣服，因为我的教授袍会遮住里面的旧衣服，这样，薪水会留下一大部分的。"

意大利的商业是很发达的。许多教授通过把自己发明的一些实用的东西卖掉来增加收入。可是，伽利略的脉搏仪却没有拿回半分钱来，只不过是得到了一些名声而已。

但是伽利略发明脉搏仪、比重秤已有好几年了，没看到他往外卖过，也没拿回来过一分钱。于是文森西奥又出主意说："你的这些办法都不现实。最好的办法就是多收几个私人学生，这条路子更加稳妥。"

伽利略听了，没说什么，只是记下了父亲的指教。

第二天，伽利略带上母亲给他准备的行李上路了。

比萨大学的学生，一向有个传统，那就是自由选择一位教授作为自己的家庭教师。伽利略本来打算到了比萨大学，可以多收几个私人学生，这样可以增加收入，可是，他因缺乏名气和经验，刚开始，选伽利略来当私人老师的学生寥寥无几。

伽利略是个十分富有同情心的老师，常常不厌其烦地为学生讲解那些最难懂的题目，他甚至可以把自己的事情放在一边，然后花掉大部分的时间和学生们一起研究他们的小脑瓜里那些古怪的想法。

伽利略对少数与他意气相投的学生十分溺爱，他会忘记自己的身份和他们打成一片，和他们一起谈天说地，甚至有时候会讲一些不十分严肃的笑话故事。

没过多久，伽利略的讲课就受到了许多学生的欢迎。

每当伽利略上课时，课堂上总是座无虚席，几百人的大厅里，唯一听到的是伽利略洪亮的讲课声和学生们记笔记的声音。

伽利略讲授的数学课在学生中受到了欢迎，却遭到了一些老师的反对。

他们经常会评论道："哼！他是个什么教授，他在我们学校连毕业证都没有拿到，有什么资格回到母校当教授？"

"就是。他不就是出去转了一圈吗？怎么一回来就摇身一变，成了老师了！真是让人不服气。"

伽利略是一个有勇气、有批判精神的人。他在授课中，常常讲述自己的一些新观点。这一行为，让已经习惯了照本宣科的老学者们十分不满。他们几乎都是亚里士多德的忠实信徒，是不允许自己心中被奉为神明一样的偶像被伽利略这样的年轻人当作靶子的。

而且，他们极不喜欢伽利略发表观点时的挑战态度，他们认为，伽利略本可以谦逊地表达他的观点。

有一天，几位白发苍苍的老教授又在学校的路上听到几个学生在讨论伽利略的授课内容。几个人便紧跟在几个学生的后面，终于听清了几个学生的对话。真是要把他们的胡子气歪了。

"这个我行我素的伽利略，总是想把自己摆在和亚里士多德平起平坐的位置上，真是不知天高地厚。"

"是啊！再任他这样胡闹下去，这个学校不知道要变成什么样子了。"

"我早就想说了，学校是给学生传授知识的地方，怎么可以变成他的演讲场所呢，想说什么就说什么，这不是误人子弟吗？"

"如果像这位年轻教授这样讲课，那我看我们都不要再上讲台啦。"

"是呀！我们都很有意见，我们这个学校的名誉就要毁在他的手里了。他居然在课堂上讲一些什么实验之类的东西。"

"我听说他还曾经在课堂上公开说，亚里士多德的学说有错误，真是不知天高地厚，这样目无尊长的人，怎么可以为人师表呢？这成何体统呢？"

几位老教授气愤地对校长说着。"各位先生不必生气，年轻人讲课不稳重是不可避免的，我一定劝劝他，让他注意改正。"校长赶忙劝解着几位年长的教授。

这天下午，伽利略没有课。校长将他请到校长室，耐心地说："伽利略教授，您来到母校任教已经半年多了，教课很认真，学生反映也很好。但是，有几位老教师对您提出几点中肯的意见，希望您加以考虑。"

接着，校长便把老教师们的意见向他传达一遍。

伽利略听了这些意见，感到非常刺耳。他很想立即反驳校长的意见，但一想到自己刚来教课，还是虚心谨慎一些为好，只好说："我一定认真听取老教师们的意见，回去认真思考，感谢校长阁下的教诲。"

校长点了点头说道："很好，您还很年轻，只要虚心学习，一切都会好起来的。"

听了校长的意见后，伽利略在讲课时十分谨慎，轻易不表达自己的看法，并且暂停了实验课。

伽利略的虚心并没有得到老教师们的谅解，他们不仅在会议上攻击伽利略，而且还在课堂上讲伽利略的坏话，说他是个不学无术、狂妄至极的教师。

在老教师的煽动下，伽利略在比萨大学的处境十分艰难，遭到一些师生的攻击和谩骂，但他毫不在意，继续他的学习、研究和探索。

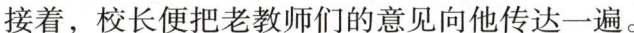

比萨斜塔实验

重新回到阔别多年的校园，伽利略本以为学校会发生很大的变化，他没有想到，比萨大学跟过去一样，仍然充满着保守、腐朽以及沉闷的气息。

在这里，亚里士多德依旧被奉为权威和真理。

此时的伽利略已不是在比萨大学读书时的那个毛头小子了，他成熟了很多，并且认识到，要想怀疑并且打破亚里士多德的神话，必须先去全面地认识他。

从这时起，伽利略更加细心地研究亚里士多德的哲学。而这样也显得他低调了许多，老教授们虽然看他不顺眼，但是也没有再找他的麻烦。

伽利略一有时间就去图书馆读亚里士多德的原著，并且经常跟一些大学的好朋友讨论亚里士多德的哲学。

其中，有一个名叫马佐尼的教授，跟他关系很好，两个人也常常因亚里士多德争得面红耳赤，但是伽利略从与马佐尼的争论当中感觉到自己一直以来对亚里士多德的认识都很肤浅，于是在工作之余，除了他爱好的数学之外，便每天钻到了亚里士多德的哲学当中。

伽利略教的是数学，但与人讨论得最多的却是数学之外的亚里士多德的哲学。这与他在大学读书时的表现是相辅相成的，那时，他学的是医学，可他感兴趣的却是数学。

在讨论与学习亚里士多德的著作之外，伽利略更将主要精力投入到了各种实验上。

通过这些实验，伽利略发现在亚里士多德的著作中，有很多的观点是不正确的。比如，亚里士多德关于重量影响物体下落速度的理论就与他的实验不相符。

亚里士多德认为，当一个物体从某一高度落下来时，其下落的速度取决于其重量，物体越重它的下落速度就越快，反之，轻的物体就下落得慢。

伽利略想，如果按照亚里士多德的观点，将一个重物和一个轻物用一条线拴了起来，形成物系向下落时，就会出现互相矛盾的情况。

由于物系是一个重物跟一个轻物连在一起的，整个物系就比其中的重物重，物系下落的速度就会比单一的重物下落的速度快。

但同时，物系是由一轻一重两个物体连接着的，按照亚里士多德的观点，轻物比重物下落要慢，这样物系下落时，轻物就会在上拉着重物，使物系比重物要落得慢。这样，就与前一个推理产生了矛盾。

伽利略反复作了许多次实验，完全可以证明自己的观点。于是，他将自己的观点写成了一篇题为"论重力"的论文，在这篇文章中，对亚里士多德的观点进行了反驳。

在当时，亚里士多德这个哲学圣人，其地位在人们的心中已经根深蒂固了，人们总是开口亚里士多德，闭口亚里士多德，这是当时人们的一种时尚。如果怀疑亚里士多德那不是疯子，就是神经出现了问题。而对亚里士多德的理论进行挑战，就是大逆不道的行为。

伽利略很清楚亚里士多德的社会影响以及在人们心中的地位，但倔强的个性，以及不相信权威的精神又使他没有退路，即使是撞破了头皮，也要向前闯一闯了。

一天晚上，伽利略跟几个要好的同学聊天，伽利略对大家说了他的想法："我要用实验向大家证明一个真理，我要让那些最顽固的老学者们亲眼看到我的实验，然后让他们信服。"

"老师，您想什么时候作实验啊?"学生们不由好奇地问道。

伽利略满怀信心地说道："我要请学校的全体师生，还有比萨的全体公民来观看这次实验，让大家一起来为我做见证。大家会看到，两个大小不等的铁球同时落地。"伽利略顿了一下，这才继续说道，"过两天，我要做好充分的准备。"

于是，伽利略就在自己的住处，用一大一小两个铁球作了许多次实验。结果，实验证明，在同一个高度，同时向下扔下两个铁球，两球会同时落地。伽利略还让几个要好的朋友也作了几次实验，结果都是一样。

这样，伽利略坚信自己的所做所说都是正确的，而亚里士多德有关轻重物体下落速度不同的说法显然是不正确的。

伽利略想，应该找个公开的场合，向人们公布自己的发现，同时证明自己的说法是正确的。

经过考虑和观察，伽利略决定将实验地点定在著名的比萨斜塔上。

选好地点后，伽利略让自己的学生写了海报，张贴在学校的好多地方。

海报一出，立刻整个校园都轰动了。

"这位伽利略教授，真是没事找事。还是人家古代大科学家亚里士多德说得对，石头比麦秸秆下落的速度肯定快。"有些教师不由议论着。

旁边的人说道："这回实验不是石头和麦秸秆，而是进行密度或物质相同的物体下降速度的实验。有可能是两块石头、两块铁，或是两个木球。"

旁边的老教授有些不屑地说道："就是相同的物体也是一样。连小孩子都明白，一块大石头和一块小石头，那个大石头肯定比小石头下降速度要快得多。"

"是啊！咱们大学里，老教授和学生们，还有亚里士多德的著作里都是这么说的，可是，这位新来的年轻数学教授伽利略就否认这种

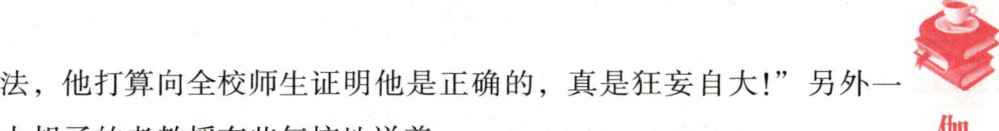

说法，他打算向全校师生证明他是正确的，真是狂妄自大！"另外一个大胡子的老教授有些气恼地说着。

一时之间，整个校园里议论纷纷，有人认为伽利略是大逆不道、胆大妄为；有人认为伽利略是在哗众取宠、沽名钓誉，是不值一提的；但是有的人却很佩服伽利略的胆量，但是对他的说法却是半信半疑；还有极少数人则表示坚决支持。

校园外也有不少人知道了伽利略要通过实验向亚里士多德挑战的事情，也都是议论纷纷，等着伽利略实验的那一天去看热闹。

实验那天到了。在教堂的大钟敲响 12 下之前，伽利略满怀兴奋地到了公共广场。比萨斜塔下面站满了高声谈笑的学生，看他们的劲头儿，倒更像是来看斗鸡表演的。伽利略找了半天，没有见到校长和一些资历较深的教授，可能他们害怕有失身份。

不过，在人群中，伽利略还是看到了几位教授，他们的脸上挂着蔑视的神情，还有一丝不怀好意的冷笑。

在人群的最外围，是一些要走向教堂的老妇人，她们看到这么多人的集会，不知道要发生什么，于是四下里问：什么事情、要看什么、什么时候开始。

在斜塔的入口处，一位老教授正在和一位年轻的教授热烈地交谈着。他们看到伽利略走过来，便一下子停住口，分开了。伽利略没有理会他们，径直进入了塔中。

比萨城中心公共广场，是一个街心花园。广场上除了有凉亭、泉水池之外，还有 3 幢突出的建筑物。1 个是主教堂，1 个是洗礼堂，都有 4 层楼建筑那么高，它们中间高 50 多米的斜塔，显得雄伟、壮观。

伽利略对已经等得有些着急的群众说："老师们，同学们，请安静！我进行的实验马上要开始了。"

下面有些人说道："快看，台上那个高个子喊话的年轻人就是伽利略。"

伽利略继续解释道："请大家看清楚，我手中有两个铁球，左手的这一个重 1 磅，而右手的这一个则重 5 磅。如果有人不相信，可以亲自上来掂一掂，看看我说的是不是属实。读过书的人都知道，亚里士多德认为：如果两个重量不同的物体同时下落的话，那么它们到达地面的时间是不一样的。"

这时，人群里有人嚷着："那是当然，5 磅的铁球一定会比 1 磅的快 5 倍。"

伽利略继续说："现在请大家稍稍往后一点儿，我会让这两个铁球直线落下去，不会伤害到大家的。请大家帮我一起观察这两个铁球落地的时间。"

伽利略登上了塔顶，现在刚好是正午时分，钟声刚刚响过，下面的人群一片静寂。伽利略手里拿着两个铁球，他伸开手臂，让两个手臂处于同一个水平线上，他喊了声："放！"

于是，两个铁球便从半空中直落到地面。

两个手执滴漏计时的学生大声喊道："时间相同，没有丝毫的差别。"

人群里立刻轰动起来，无论如何，这么多人的眼睛都看到了一个事实，那就是两个铁球同时落地。

人群里顿时议论纷纷。

"的确，是两个铁球同时落地的。"

"我们大家都亲眼看见了，是相同的时间啊！"

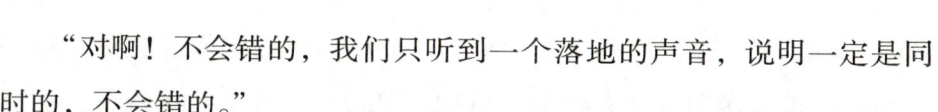

"对啊！不会错的，我们只听到一个落地的声音，说明一定是同时的，不会错的。"

这时候有一个大胡子的老教授突然大声地叫道："大家都安静，这个实验不算成功。1磅重的铁球和5磅重的铁球，重量差别太小，因此它们下降速度的差别很难看出来。"

"对呀！两个铁球的重量差别太小，这个实验不算成功。"其他几位老教授也纷纷附和着。

"那好，我们作第二次实验。"伽利略说着从台阶下拿出一个更大的铁球说，"这回我请两名同学帮忙。这个铁球有10磅重，只能由一名同学拿，另一名同学拿这个1磅重的铁球。请两名同学像我一样登上塔的最高层，听我的口令扔下铁球。"

从人群中走出两名学生，分别拿着大小铁球，一前一后进入塔内，登上塔顶。

他俩出现在第八层倾斜的一面，也像伽利略教授一样，探出上半身，伸出手臂。

伽利略朝着塔顶高声喊道："请将你们手中的铁球，都放在同一水平线上。注意听我的口令！我喊1、2、3，数到3就放手。"

伽利略等两名学生准备好后，便开始数数，当数到"3"的时候，两名同学同时放开了手中的铁球。

当两个铁球落地的那一刻，站在前排负责观察的同学大声地叫道："好的，还是同时落地，是同时落地的。"

"还是一个响声，是同时落地的声音。"

站在人群中的几位老教授，你看看我，我看看你，脸上高傲、蔑视的神情不见了，一个个低着头不知说什么才好。

伽利略说："不错，我也崇拜亚里士多德，我被他的广博的学说所慑服，也被他勇于探索万物原理的科学精神所感动。但是，伟人也有局限性，不可能说的每句话都是真理。"

"现在，我完全有理由反驳他的这个理论，按照他的说法，把一个100磅重的球和一个1磅重的球同时从高处落下，100磅重的球应比1磅重的球先落地。如果把100磅重的球和1磅重的球拴在一起，让它们从高处落下，按照亚里士多德的逻辑，就可能得出两个结论。"

"一个是，这两个球连在一起，它的重量比100磅的球重1磅，因此，应当比100磅重的球先落地。另一个是，1磅重的球与100磅重的球连在一起，会由于1磅的球比100磅的球降落得慢，1磅球的降落速度必然会减慢100磅的降落速度，这样，捆在一起的两个球就应该比100磅重的球后落地。"

"这两种分析都符合亚里士多德的理论，但得出的却是两个互相矛盾的结论！一个理论是互相矛盾的，那么，这个理论就必然是错误的！"

伽利略顿了顿，接着又兴奋地说道："而且，通过我刚才的实验，已经充分地证明了，亚里士多德关于重量与物体速度的理论是不正确的。"

听了伽利略的话，他的学生和朋友们都过来向他祝贺："老师，祝贺您，您的实验成功了。"

"老师，我感到很光荣。能为您效力，并且亲眼看到您的成功。"

虽然伽利略的实验获得了成功，但他并不满足，他还想研究自由落体的定律，还要探索物体降落的轨迹与降落时间的关系。实验的成功成为伽利略学习、研究物理学的新的起点。

离开比萨大学

托斯卡纳大公斐迪南一世的儿子约范尼·美第奇王子一心想着有一天自己会创造出一个奇迹，让佛罗伦萨乃至整个欧洲大吃一惊。

3年前，伽利略还在家里自学，为了取得权势者的重视和重用，他曾经拜访过王子，但是王子给他留下了很坏的印象。

后来，王子跟一些宫廷的大臣一起热衷于学习哲学、机械学，王子还专门设计出了一个挖泥机的样图，并且吹嘘自己的挖泥机能够代替100个人工作。

1591年的夏季，王子将他设计的挖泥机的样图专门派宫廷的差役送到比萨大学伽利略的手中，请伽利略对这台机器进行质量、效能方面的审查。

伽利略万万没有想到，当他来到比萨大学当数学教授之后，王子找上了门，来求他办事。原本，按照3年前王子对他的态度，本可以将审阅图纸的事情借故推掉，但又一想，自己能够来比萨任教也是借助王子的父亲托斯卡纳大公的力量。如果惹恼了这位王子，站在了他的对立面，以后不仅在比萨大学站不住脚，就是在佛罗伦萨谋生也将很困难！

伽利略的一位朋友对伽利略说："给王子的机器作鉴定，可不是个好差事啊！王子对自己是颇有自信的，所以，你在发表意见的时候一定要察言观色，不可冒失。"

对于这一点，伽利略心中是很清楚的。这是一次接近王子的绝好机会，只要王子肯重用他，那么，比萨大学那些对他抱有敌意的教授就不敢动他半根毫毛，他就有了一个巨大的靠山。

所以，伽利略在心里叮嘱自己，一定要小心谨慎，不可造次、打碎自己的饭碗、断了自己的前程。

伽利略用了两天时间，将挖泥机图纸仔细看过，并用数学公式将很多关键部件测算之后，他发现约范尼王子设计的挖泥机完全不符合机械制造原理，如果按照图纸造出挖泥机，不仅挖不出一点泥来，而且还会造成人身伤亡。

面对这张毫无实用价值的图纸，伽利略有些犯难了。直言相告肯定会得罪王子；不说等于欺骗了王子。如果按照图纸造出的产品不能用，审阅图纸者该当何罪？

伽利略思考再三，认为还是向王子说实话为好。应该亲自拜见王子，对图纸中多处不合乎机械原理的地方提出改进方案，帮助王子重新设计一张有实用价值的图纸，以便造出一台能够工作的挖泥机。

试想，如果伽利略对这台机器表示了赞扬，但是最后做出来的时候却不能工作，王子不是更没面子吗？如果现在提出意见，王子可以加以修改，以诚相待，可以避免王子最后下不来台。

伽利略冒着酷热，专门赶回了佛罗伦萨。

伽利略让门卫转告了他的来意后，立刻受到了王子的热情接见。王子见伽利略拿着一卷图纸，问道："怎么样，我设计的挖泥机图纸，你已经看过了吗？"

伽利略说道："王子的挖泥机图纸我已经很认真地看过了，图纸上挖泥机的一些关键部件的设计，经过我的测算，是违背一些机械原理的。这些部件，将会导致整个挖泥机都会发生瘫痪。对于这些设计，可以考虑能不能修改一下，我已经给殿下设计了一套修改方案。"

"什么？什么？"王子打断伽利略的话，大声叫道，"教授先生，你不是在说梦话吧？我精心设计两年的挖泥机竟然是'违背一些机械原理'，是不是你没有认真看我的图纸，你懂不懂什么是挖泥机？"

伽利略真诚地向王子说道："如果不修改，造出的挖泥机是不能

工作的！殿下，我是真心实意地恳求！"

王子气愤地大声叫道："有什么可恳求的！我设计的挖泥机，还要你来修改，你这不是羞辱我吗？你实际是个狗屁不通的家伙，还当什么教授！想当年，你在比萨不是连毕业证都没有拿到吗？有什么资格来当老师，数学教授？我看你对数学一窍不通。现在，就让人照着我的设计给我做出一台挖泥机来，我要让你看看，我的机器是如何把淤泥挖出来的。"

下面的人赶紧奉命行事。大家知道王子正在气头上，所以这事儿耽搁不得，于是机器很快就做出来了。

可是，正如伽利略所说的那样，它根本不符合机械制造原理，所以，这台机器根本不能工作。

伽利略本想，这次王子该清醒了吧！应该认识到自己的错误了吧！但是，没有想到在一天下午，伽利略被校长叫到了办公室，校长说："伽利略先生，很抱歉，您的聘期已满，我们现在因种种原因不能再聘用您了，请您另谋高就吧！"

伽利略早就料到他可能被解聘，但没想到会来得这么快。于是他问："尊敬的校长阁下，是什么原因能说一下吗？"

校长说道："那我就不客气了，学校是传授知识和真理的殿堂，可是你却蛊惑学生，攻击古代伟大的科学家，更是贬低众多资格深的老教授。之前，就有很多的老教授对你提出很多意见。"

伽利略淡淡地说道："这些只是你的借口而已，我相信，真正的理由，你比我还要清楚。"

1591 年，伽利略离开了比萨大学。

这个时候，伽利略也接到了父亲病危的信函，他立即乘一辆快车，冒着酷暑，赶回了佛罗伦萨。

伽利略赶回家时，父亲文森西奥已经病得很严重了，母亲吉乌莉娅说，前两天买了药吃，但是一直也没有起什么作用。

伽利略·坎坷的生涯

伽利略赶忙背起父亲就向医院跑去，医院已经下班了，在全家人的恳求下，一个值班的老医生出来为文森西奥看了看，叹了口气说道："已经病入膏肓了，现在才送来医治，就是神医也治不好了。"

在全家人的恳求下，老医生也只能尽力配制了药给伽利略带了回去。

服下药后，文森西奥仍然是昏迷不醒。伽利略看到父亲病成这样，而自己过去还在大学学过 3 年多医学，竟然束手无策，深感愧疚。此时此刻，他很后悔没有听父亲的话，把医学学好，而是在大学白混了 3 年多，连毕业文凭都没拿到。

老医生的药，最终没能挽留文森西奥的生命。

就这样，佛罗伦萨著名的音乐爱好者、作曲家文森西奥被疾病夺去了生命，享年还不到 50 岁。

按照贵族的习俗，应当停灵 7 天，为文森西奥举行隆重的葬礼。因为家里生活拮据，再加上天气炎热，一切只能从简了。

在伽利略的主持下，第二天早晨，遵从教会的规则，对亡灵进行祈祷以后将文森西奥的灵柩送到佛罗伦萨的郊外教会墓地下葬。

商店附近的邻居和文森西奥的生前好友里奇教授等 100 多人前来参加葬礼。

获得甜蜜的爱情

伽利略离开了比萨大学，他的生活陷入了困境，他必须尽快找到一份新的工作以补贴家用。因为这一年，父亲已经去世了，弟弟还没有能力赡养母亲，两个妹妹也没有做修女的打算。所以，伽利略还得为两个妹妹准备嫁妆，家庭所有的重担全都落在了他一个人的肩上。

因为王子的原因伽利略离开了比萨大学，想再在比萨这个地方找一份工作可能是非常难了。所以，他不再尝试去找什么工作，而是开始作另外的打算。

在这期间，伽利略给热那亚、波罗尼亚等地的大学写信，主动推荐自己。同时，也给当时的一些名人包括自己的朋友蒙特侯爵写信，请求他们帮助自己找一份合适的工作。

母亲的愿望是让伽利略继续经营羊毛商店，以维持一家人的生计。可是伽利略实在不愿在羊毛生意上终了一生。他拜访了父亲的好友里奇教授，向他诉说了离开比萨大学前后的情况和目前的处境。

里奇教授很同情伽利略的遭遇，介绍他到威尼斯，在那里里奇教授有一些搞学术的朋友，或许可以帮助伽利略。

而且，威尼斯是意大利各个城市中最开明、最自由的一个，所有的学者在这里，都可以尽情地讲述自己的观点和想法，而不会有其他力量来限制你的言论和思想自由，仅这一点，就让伽利略十分向往了。

在威尼斯的管辖之下，有一个帕多瓦大学，它正好在威尼斯的西部，相距仅30多公里。由于威尼斯的自由学术氛围，使得帕多瓦大学的学术氛围也十分自由，这对科研十分有利。

而且，在帕多瓦大学任教的博物学家潘因里，与伽利略的关系十分密切，伽利略曾经在他家里住过一段时间。潘因里的家还是一个聚会的中心，有许多学者和权贵来这里高谈阔论，这里是一个可以自由沟通的空间。

1591年秋季，伽利略离开了佛罗伦萨，来到了文化和商业名城威尼斯。

威尼斯是个独立的共和国，不归佛罗伦萨公国管辖。威尼斯市位于亚得里亚海滨，由118个岛屿组成，各岛屿之间有157条河道、378座桥，是闻名世界的水城、桥城。全城几百座桥横跨于纵横交错的水面，连接着星罗棋布的岛屿，千姿百态，风格迥异。楼台亭阁，石阶交错，波光闪闪，游人进入市区，犹如进入仙境，心旷神怡、流连忘返。

伽利略来到威尼斯，受到潘因里教授的热情接待。潘教授请他住在自己的家里，并向威尼斯的学术团体介绍伽利略。伽利略很快就开始参加这里学术团体的活动，并成为其中的积极分子。

伽利略两手空空地来到了威尼斯，但是，他在学术界已经有了一定的名气。伽利略仍穿着寒酸的衣服，人们对这位年轻的学者十分敬仰，甚至以能听到他的讲演为荣，在各种舞会和音乐会上，主人们纷纷邀请这位年轻人参加，以显示自己的身份。在这些场合里，伽利略不再是默默无闻的听众了。人们围绕着他，听他讲着他的流体力学和他的斜塔表演。

在一次舞会中，伽利略邂逅了一个漂亮的女孩子玛丽娜·甘巴。虽然是第一次见面，但是伽利略深深地爱上了她。她戴着白色的面纱，这是法律规定的只有贞洁的妇女才可以戴的。她的娇美、她的高雅、她的机智，已经让人们忘了她的卑微出身。在伽利略的眼里，甘巴的一切都是那么完美。

经过了解，他知道甘巴只有18岁，住在圣索菲的一个偏僻的小街。她没有父母，几乎是个文盲，寄宿在一个亲属家里，每天靠给人家干零活度日。最近受雇于潘因里教授，参与组织化装舞会，恰巧与小有名气的伽利略相遇而又相识。

伽利略远离家乡，来到威尼斯，没有工作，寄住在潘因里教授家里，与甘巴的处境极为相似。为此，两个人很是投缘，每天都相约，在一起散步、谈心，很快就成为形影不离的恋人。

有一天，伽利略向潘因里教授开口，借了一笔钱。圣诞节的早晨，商店刚开门，伽利略就跑去买了一副金耳环，作为圣诞礼物送给了甘巴。

甘巴戴上耳环，当她轻轻晃动脑袋的时候，摇曳生姿，美丽极了。

甘巴从来没戴过金饰品。她将金耳环戴在耳垂上，找来镜子左看右看，高兴极了。伽利略看到在甘巴桃花似的面庞两边有一对金光闪闪的菱形耳环在前后摆动，使她增添了几分秀气与妩媚，心中不禁涌起阵阵激情。他想，我有责任爱护甘巴，应当把她打扮得比水仙花更加艳丽。

可是，过了一会儿，甘巴就把耳环摘了下来，深情地对伽利略说："我知道，你现在生活不是很宽裕，这个东西一定是借钱买来的，以后不要再买礼物给我了。其实，我并不需要这个。"

伽利略为甘巴的善解人意感动着，他会给她写一些诗，来表达他心中的爱情。甘巴陶醉在他的这些诗中，对于她来说，这些就已经足够了，她并不需要那些浮华的东西。

过了几天，经过伽利略的一些朋友的努力，伽利略被帕多瓦大学聘为数学教授，薪水是在比萨大学时的 3 倍。

伽利略飞快地将这个好消息告诉了甘巴，两个人共同庆祝了一番。在狂喜中，他们感谢上帝的恩赐和仁慈。现在，伽利略不仅有了美丽并善解人意的爱人，而且还有了称心如意的工作。

不久，伽利略在帕多瓦大学上任，并且在大学附近租了一套房子，将甘巴接了过去，过起了甜甜美美的生活。

伽利略和甘巴一直没有在教堂正式举行婚礼。这其间的原因可能是甘巴的出身比较贫寒，而伽利略虽说并不富有，但他的祖上都是望族。这种等级观念在当时是很深入人心的，祖上的荣耀会给后代的头上戴上一层光环，是后代自豪的理由。

伽利略和甘巴相识的最初，他还是一个一文不名、默默无闻的普普通通的学者。那时候，甘巴觉得伽利略是个十分可靠的靠山，她把生活的希望寄托在了伽利略的身上，把自己的爱全部奉献给了伽利略，希望能和伽利略白头到老，和谐、幸福地度过一生。

甘巴是有眼光的，她当年就看出了伽利略的非凡之处，断定他有朝一日定会功成名就。从这一点上来说，她的选择是对的。

可是，事物是要一分为二来看的。随着伽利略的名气越来越大，他的事情也就越来越多、越来越忙了。几次，伽利略回佛罗伦萨，都没有把甘巴一起带回去，也不对甘巴表示一点歉意或者作一丁点儿的解释。

甘巴是个深明大义的人，她清楚以自己的出身想要出入宫廷，是不可能的事情。可是，次数多了，甘巴心中总是感觉到很是失落和悲伤。

终于，一天甘巴向伽利略提出了分手，那个时候伽利略已经40多岁了，并且他们有了一个儿子和两个女儿。但是因为伽利略从来没有要与甘巴结婚的意思，甘巴不得不考虑自己的处境了，日子一天天过去，容颜一天天衰老，可是伽利略的事业却蒸蒸日上，她觉得，她必须有一个新的打算才行。

甘巴告诉伽利略自己认识了一个商人，他忠厚老实，对她很好，并且愿意娶她，而且她已经答应将自己的后半生托付给那个商人了。

听了甘巴的话，伽利略意识到了事情的严重性，他这才发现，虽然甘巴依旧美丽动人，可是自己却有很长一段时间没有欣赏她了。

伽利略看到甘巴坚定的目光，知道甘巴决心已定，这件事情，已经没有挽回的余地了。

就这样，伽利略一生中的所谓"婚姻"也好、"恋爱"也好，在他中年的时候结束了。两个女儿暂时分别被送到了修道院，小儿子年龄太小，便跟着甘巴一块儿走了，伽利略每个月还会定期给他们寄一些生活费。

甘巴走了，屋子里再也没有几个孩子的欢声笑语了。如同刚刚来到威尼斯一样，伽利略又是孤身一人了。伽利略有些替自己悲哀，45岁了，他仍然连一个美好的家庭都没有。

备受欢迎的老师

古老的帕多瓦大学像博洛尼亚大学、巴黎大学、牛津大学和剑桥大学一样，是西方重要的文化中心之一。帕多瓦大学建于 1222 年，当时博洛尼亚大学限制学术自由，而且不能保证师生基本的公民权利，所以大批的教授和学生脱离博洛尼亚大学建立了帕多瓦大学。

帕多瓦大学不是由罗马教皇授权建立的，而是在偶然事件和当时的社会文化环境中自发成立的。13 世纪帕多瓦大学由自由公社管理，到了 14 世纪由凯勒雷斯家族接管，之后，从 15 世纪至 18 世纪由威尼斯共和国管理。

帕多瓦大学最初开设法学和神学课程，后来又增加了医学、哲学、天文学、文法和修辞学。1399 年帕多瓦大学分化为两所大学，一个主要教授民法、宗教法和神学；另一个主要教授医学、哲学、文法、辩证法、修辞学和天文学。1813 年两所大学又重新合并为帕多瓦大学。

帕多瓦大学最初是作为学生的自由团体建立的，由学生自己管理。学生们自己起草了校规，自己推选校长和选择老师，由学生决定老师的工资。15 世纪至 16 世纪当地政权逐渐从学生手中取得学校的管理权。

直到 18 世纪，帕多瓦大学才有了很大发展，其名望盛极一时。帕多瓦大学进步的哲学思想、解剖学院和医学院以及天文学、物理学和数学等学科的发展为科学革命作出了巨大贡献。

帕多瓦大学云集欧洲一些著名的学者，他们的思想比较开放。

伽利略在帕多瓦大学，除了讲授数学课外，还讲授托勒密的天文学，另外还讲授军事建筑、防御工事、力学、日晷计时等课程。这时候的伽利略已经有些名声了，于是，慕名而来的学生也越来越多，随着他的名声越来越大，教室已经容纳不下前来听课的学生了。

伽利略授课时，教室里总是座无虚席，有时挤不下，不得不移到大礼堂或庭院中去讲课。

有一天，伽利略要作一个学术报告，当他来到教室的时候，发现门口被围得水泄不通，还排着好长的队伍，甚至他想进去都是一件极难的事情。

同学们看到伽利略教授来了，纷纷闪出一条路来；伽利略站到了讲台上，可是，他看到门口还有很多学生进不来。看来，想让所有的学生在这个小教室听他的课已经远远不行了。

最后，学校在伽利略和学生的呼吁下，换了一个能容 3000 多人同时听课的大教室。当时没有话筒，伽利略讲课时不仅要提高嗓门，而且要前后走动。这样，每上完一次课，伽利略都累得筋疲力尽。

妹妹维吉莉娅要出嫁了，新郎是佛罗伦萨一个官员的儿子。可是，他目前的经济状况不好，他要求维吉莉娅要有一份和他的身份相匹配的嫁妆。

伽利略当时所赚的钱，有一部分要用于偿还父亲在世时的债务，还有一部分要寄给正在修道院的妹妹莉维娅，还要给母亲一些生活费，自己还要有一些花费。这样一来，他的钱基本就没有剩余了。

于是，伽利略写信给妹妹的未婚夫，答应他在结婚以后的一段时间里把这笔钱准备好。

妹妹莉维娅羡慕姐姐维吉莉娅的出嫁，于是也为自己的一份嫁妆发愁。为了安慰她，伽利略写信给母亲，让她去安慰妹妹说："过去的很多王后、贵妇都是到了她们可以做母亲的年纪才结婚的。"

小弟米盖，既不可靠又懒惰。有一次和母亲吵了一架，便从家里搬了出去，和哥哥一起住在帕多瓦。他以教授琵琶课来维持生活。但是，他并不热心去找学生，所以他的学生寥寥无几。

就是这有数的几个学生，米盖也没有尽力去把他们教好，经常是几个学生在教室里等着老师的到来，他却正在旁边的酒店里喝得酩酊大醉。后来，弟弟又要去波兰，伽利略给他借了钱，把他送到波兰去。在波兰，米盖在一个宫廷里做音乐教师来维持生活。

过了不久，维吉莉娅的丈夫等不及了，他想得到那笔嫁妆钱。他写信给伽利略威胁他说，如果再不给他的话，他就要通过法律途径来解决这个问题。伽利略自然是不会让母亲和自己的妹妹受屈辱的，如果这件事情闹到法庭上，他自己的前程肯定也要受到影响。他该怎么办呢？

在绝望中，伽利略想到了自己的弟弟，于是写信给弟弟，希望弟弟能够帮一帮他。

可是，弟弟回信说，他也刚刚结婚，而且婚礼花光了他所有的钱。他的婚礼很隆重，有 4 位外国大使前来祝贺，很是风光。他说，在今后的 30 年之内，他可能都不会攒下钱来。就这样，弟弟把所有的责任又都推给了伽利略。

伽利略被生活的重担压得几乎喘不过气来。维吉莉娅的嫁妆钱实在让他有点招架不住了。在无可奈何的情况下，他不得不向帕瓦多大学先预支了两年的薪水，寄给了维吉莉娅的新郎。

此时，小妹莉维娅也从修道院回了家。她告诉母亲，她也快要结婚了，她的对象是佛罗伦萨有名的望族，所以她的嫁妆一定要比姐姐的还要丰厚才行。

为了获得更多的薪酬，伽利略除了讲课，在课外还招收一些学生，给他们补习课程。这些学生，来自法国、德国、瑞典等许多国家。有的穷苦的学生就住在伽利略家，伽利略负责他们的饭食，辅导他们的功课。这样一来，伽利略很辛苦，不但给他们上课，还要处处关心他们的生活。

可是，伽利略乐此不疲，他喜欢与学生在一起，与他们一起交流，一起讲一讲欧洲各国的政治、社会、文化和风俗等。对于贫苦的学生，伽利略则更加努力照顾，因为他体会过贫寒的滋味，他知道其中的辛酸。

有一年，从佛罗伦萨来了3名贫苦学生进入帕多瓦大学读书。伽利略见他们来自家乡，备感亲切，请他们到自己家中居住，并从多方面给予关照。

伽利略在课堂讲课时，只看到一名学生来听课，那两名学生不知到哪里去了。伽利略回家后悄悄问甘巴。甘巴说每天早餐后，她看见3个学生都一起离开家门，到学校上课去了。

原来，在帕多瓦大学有一项严格规定，学生上课，必须穿戴整洁，一律穿校服，否则不准进课堂。这3名同学，因家庭经济困难，凑钱只买了一套校服，轮流穿着去上课。另两个学生只好在教室外旁听。

伽利略听了3名学生的讲述，深受感动，他表扬了他们互相帮助、刻苦学习的好学风。

第二天，伽利略便拿出钱做了两套校服送给他们，让3个人每天一起去上课。

3个学生爱不释手地抚摩着校服：有了这两套衣服，他们就可以一起去上课了，就可以听到老师的讲课了。这个礼物太珍贵了。

在伽利略的学生中，有一些青年贵族，他们学习的目的是将来当军官，迫切要求学习军事课程。伽利略利用他掌握的数学、物理知识，给他们讲授军事建筑、防御工事、攻防规则等课程，受到这些学生的欢迎。

伽利略对军事工程等学科并不是很熟悉，但他凭着自己的数学、物理学基础，很快进入了角色。

伽利略将数学与物理上的一些知识和实验应用在了军事知识当

中，创造性地开设了一些课程，引起了这些贵族青年的兴趣，并且获得了学生们的好评。

1593 年，伽利略根据自己的讲课内容写成了有关理学和筑城学的课程大纲，可以算是在当时欧洲大学里的首例。

在上课的时候，伽利略还会给这些贵族青年们讲如何计算炮弹的轨迹、如何将大炮安放在有利的位置和角度、如何精确地布防等。

伽利略告诉学生们，大炮的仰角为 45 度时，射程最远。这在当时基本是个常识问题，但是很多人并不理解其中的原理。

伽利略利用他最擅长的实验和数学知识，对这一问题作了详细的解释。

伽利略在一个桌面上斜放了一块带槽的小木板，他把一个小球从斜放的木板槽上从上面滚去，小球很快就滚到了桌面。由于惯性还会继续往前滚，然后又从桌面上滚到地下。小球在离开桌面下落到地面时不是垂直下落的，而是呈抛物线下落的。

伽利略指出，当小球从桌面落下时，它在半抛物线轨道上的每一点，其中都受到了两种力的作用，即平行向前的射力和垂直下落的引力。由于这两种力的作用，小球在每一点上都具有两种速度：一种是惯性作用下的平行运动速度，另一种是引力作用下的落体运动速度。这两种速度的合成便成了一条半抛物线。

大炮的炮弹发射出去的运行轨迹都是一条全抛物线，之所以在 45 度仰角时的射程最大，是因为在这个角度时，两种速度的合成具有最大值。这样，伽利略就把这个有关炮弹射程仰角的问题生动形象地解释清楚了。

伽利略的讲解与分析，使那些贵族青年们大开眼界。他们对伽利略更是钦佩至极。

伽利略在帕多瓦大学任教期间，将他过去在力学方面的一些研究进行了深入的探讨和总结，不仅发现了物体的惯性定律、合力定律、

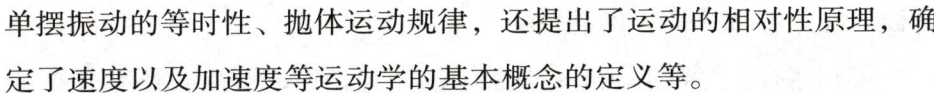

单摆振动的等时性、抛体运动规律，还提出了运动的相对性原理，确定了速度以及加速度等运动学的基本概念的定义等。

伽利略证实的落体定律是，物体坠落的路程与它经历的时间的平方成正比，而与它的重量无关。从而建立了动力学的重要基础理论。

伽利略在进行小球沿斜坡滚动实验时，不仅证实了落体定律，也推出了惯性定律。他认为，无限沿直线的匀速运动是不可能的，只能是沿地球表面的圆运动。因而他只承认圆惯性运动，而不承认直线惯性运动。

在抛体运动的研究方面，伽利略确立了运动的合成原理和独立性原理，还说明了抛体运动始终是两个运动的合成，即固有惯性运动和自由落体运动的合成，从而确立了运动的独立性原则。

伽利略的这些实验成果，成为经典力学中的重要组成部分，人们习惯上称为伽利略—牛顿力学。这是物理首先系统地作为实验科学而发展起来的部门。它的第一定律就是惯性定律，其次是牛顿的第二定律和第三定律。

这是在伽利略的力学理论上经牛顿总结完善起来的经典力学的基本定律。

今天，人们对温度计已不再陌生，因为生活中很多地方都需要温度计，如家庭要用温度计来测量每天的气温、医生要用温度计测量病人的体温、粮库要用温度计测量所储藏粮食的温度等，生活中处处离不开温度计。

伽利略在帕多瓦大学期间，除了教学研究力学之外，所作的另外一项重大的贡献，便是发明了温度计。

当时，帕多瓦大学以医学教育出名，学校里有许多一流的医生，有些医生对伽利略印象颇深，知道他的物理学很有成就，对许多问题也很有见地。因此，他们时常与伽利略一起讨论问题。

曾经有一位经常给伽利略看病的医生对伽利略说："我在看病的

时候，有一件事总是让我很为难。"

伽利略有些好奇地问道："像你这样有经验的医生，还有什么疑难病症不能解决的呢?"

医生说："并不是什么疑难病症，我是在想，病人在生病的时候，他们的血液温度一般会升高，可我无法知道它有多高，因此很难判定病人的病情有多么的严重。"

伽利略闻言点了点头，之前他也是学过医学的，知道这一点。

医生接着说道："要是有一种能测量病人血液温度的仪器就好了，这样我就会方便许多了。"

医生的话，不由让伽利略深深地陷入了沉思之中，于是，他决定亲自动手作实验来研究这种仪器。

没有血液，伽利略就用水来代替。经过反复的实验，伽利略发现，水达到一定的温度时体积就会大大增加，水冷却时，它的体积就会缩小，这实际就是物理学上的热胀冷缩原理。

有一天，为了试验，伽利略找了一根试管，用手捏住试验的底部，将试管的上端放入水中。他发现，手一松，水就会被试管吸上来了，伽利略感到非常惊讶。

伽利略反复试了好几次，都是这样。他不由得恍然大悟，原来试管中的空气也有温度，而这温度来自于自己的手。

伽利略又在试管上标出一道一道的刻度，又在每一刻度上标上数字，这样，试管中的水上升，或者是下降达到某个刻度上时，这个刻度上的数字就是相应的温度啦!

为了证明自己想法的正确性，伽利略叫来了几个正在患病的学生，让他们握住试管，他发现水会时高时低。由此，伽利略认为这个试管是可以测量人的体温的，可以知道人是正常还是病态的。

伽利略找到他的那个医生朋友，高兴地对他说道："我已经找到了测量人血液温度的办法了。"于是，伽利略将自己的发现对教授说了。

但是过了一段时间，教授找到伽利略说："亲爱的伽利略，你的温度计有一个毛病，用水作为液体不尽合理，因为天冷时，水会结冰。那时如何测人的体温，而且冬天人们还经常生病。"

于是，伽利略又实验了许多的液体，最后，确认酒精是良好的液体，因为它冬天不会结冰。

但是由于酒精是透明的液体，不容易在试管中分辨，他就将酒精染成了红色，这样就很明显了。

后来，人们发现酒精也不是很理想的液体，最后人们选择了水银，也就是我们现在经常使用的水银温度计。

伽利略的教学方法比较新颖，一些深奥的课程，他常常通过生动有趣的实验，讲得明明白白。伽利略有时还将课堂搬到码头上，带领学生观看船舶或码头上的滑车、绞车、绞盘和滚筒等，向学生讲述这些机器的机械原理，使学习饶有兴趣。很多人都戏称伽利略为码头教授。

他还带领学生来到兵工厂，运用数学知识讲述大炮的发射和炮弹运行轨迹，使学生对物理学和立体几何学的学习更加扎实。

1593 年，伽利略来到农村。他看到农民挑水灌溉农田很吃力，于是发明了一种尺寸小、效能高的提水机械，由一匹马就可以带动。它将水分别送到 20 个渠道，灌溉效果非常好。当年这里的庄稼就获得了大丰收。

1597 年，伽利略在为一些青年贵族讲课时，根据课程需要，设计了"军用测位罗盘仪"，用来计算炮弹弹道的轨迹，使炮弹命中率提高了 3 倍。

后来，伽利略几经研究、改造，终于使得"军用测位罗盘仪"经过改进后不仅可以军用还可以民用，可以用来解决当时遇到的许多应用数学问题，用处非常广泛。

为了宣传"军用测位罗盘仪"，伽利略在校园内特地办了几次讲座，向人们介绍、推荐"军用测位罗盘仪"。

伽利略的介绍引起了许多人的兴趣，尤其是那些对军事感兴趣的贵族青年，他们鼓励伽利略将"军用测位罗盘仪"多制造一些，卖给那些正在打仗的军队。

1599 年，伽利略雇用一些工匠，专门制造"军用测位罗盘仪"。欧洲的许多国家都向帕多瓦大学寄来订单，要求购买"军用测位罗盘仪"。

没有想到，"军用测位罗盘仪"投入市场不到半个月就销售一空，伽利略也因此获得了一笔不菲的收入，缓解了当时有些窘迫的家庭经济状况。

辉煌的成果

真理就是具备这样的力量，你越是想要攻击它，你的攻击就愈加充实了和证明了它。

—— 伽利略

终于回到了家乡

伽利略在帕多瓦大学任教18年。这18年也是他一生中工作最繁忙、心情最舒畅、学术成就和实验成果最丰盛的时期。伽利略教授的名气也越来越大。

伽利略依旧经常参加潘因里教授组织的林赛科学院的学术活动。

在活动中，他结识了意大利著名科学家萨比和红衣大主教贝拉明，并与他们建立了深厚的友谊。与他们的交往，对伽利略的后半生产生了重要影响。

伽利略在潘因里教授家还认识了贝拉明的朋友巴罗尼乌斯红衣大主教。

有一次，大家坐在一起闲聊。当他们谈到有些学者经常观测星星时，有人说："天上的事儿是由上帝主宰的，我们还是不去观测为好。"还有人说："天上的月亮有缺有圆，有些星星时隐时现，究竟是怎么回事？我们认真观测、仔细研究研究有什么不好？"

巴罗尼乌斯红衣大主教说：

"我支持人们探测宇宙的奥秘，因为《圣经》告诉我们如何升天堂，却没有说天上是怎么回事。"

巴罗尼乌斯红衣大主教这句话给伽利略留下了深刻印象，激起他探索天空星际奥秘的勇气和力量。

1604年10月的几天里，在帕多瓦城里的人们都在惶惶不安中度过，大家都在议论着。

"天上突然出现一颗特别亮的星星，你看见没有？"

"是啊！大家都在说这事儿呢。这是怎么回事儿啊？"

"可是，不可能啊，新星出现的位置是人们几千年来一直都认为永远不可能改变的星座啊。"

"我看见了，简直就像个小月亮。这是怎么回事？莫非是世界末日到了？"

在当时，根据亚里士多德的观点，天空是永远不应该变化的。因为天上的一切都是由完美无瑕、不可改变的物质组成的。因为天是上帝创造出来的，星辰的数目是一定的，不会多，也不会少。

原本只是一些很小的事情，但是经过人们的传播之后，就不知道扩大了多少倍。

在那个时候，大多数帕多瓦人已经不再像远古时候那样崇拜太阳和月亮了。但是，他们中仍有一些人相信天上的星辰控制着人世间的万事万物。

所以，在那个年代，占星家这个行业一直都是很火的。他们得为将军们筹划进军的时机，还有农民播种、国王做出各种决策等，这一切的一切都要按照占星家们的意见，根据星辰指示的最佳时机来完成。

伽利略很小的时候就听说了波兰的科学家哥白尼，并对哥白尼研究天空的奥秘、发现地球围绕太阳转动的现象很感兴趣。

当伽利略长大，特别是到大学任教后，他对哥白尼的日心说有了进一步的了解。每当学者们争论地球和太阳谁是宇宙的中心时，伽利略便倾向于哥白尼的观点。

教会的御用学者认为，一切天体都是地球的仆人。因此，只有在地球的周围，才有天体围绕着地球旋转。伽利略的发现彻底推翻了这种谬论，为哥白尼的学说提供了有力证据。

当时伽利略一再邀请亚里士多德学派的学者、教授们亲自用望远镜来观看月球上的山脉和木星的卫星。他们不但坚决反对拒绝观看，而且还诬蔑伽利略是个大骗子，胡说他的望远镜是"魔鬼的发明"。

这个学派有一个天文学家当时反对他说：

"亚里士多德导师的书上从来就没有讲过这些东西，并且又和导师说的完全相反。例如，月亮上有山、太阳上有斑，这全是假的，因为亚里士多德导师说过：'天体是最完美的东西。'"

难怪伽利略在 1610 年 8 月 19 日给德国天文学家开普勒的信中就曾愤怒地说：

对于这些人来说，真理不用到自然界中去寻找，而是从古人的著作中得到。

伽利略的发现得到了这位德国天文学家的大力支持。

事实上，早在伽利略之前，就已经出现了哥白尼、布鲁诺等献身天文学的伟大人物。

伽利略在他们的基础上，向托勒密体系再一次发起了强有力的攻击。这次攻击更大地震撼了欧洲，甚至震惊了世界。

这次新星出现后，伽利略立刻走出户外，亲自进行观测。经过一个星期的观察，伽利略确认这的确就是一颗超新星。

所谓超新星，其实就是一种爆发规模很大的恒星。它的亮度增加约 9000 万倍以上，所以用肉眼直接就可以看到，有时白天也能看见。

伽利略发现这颗新星是一颗亮度在变化的恒星，和有时出现的新星一样，慢慢就会消失。

他还和当时著名的天文学家第谷、开普勒等交换了意见。交换意见的结果是他们三人的看法是一致的。

伽利略告诉人们，这颗新星的出现，绝不会给世界带来灾难，请

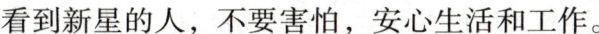

看到新星的人，不要害怕，安心生活和工作。

伽利略为了让大家对这颗新星有一个更好的认识，他作了 3 次演讲。在演讲中，他用明显的事实和精确的计算宣称：

"这颗新星是一颗真正的恒星，它不是地球大气中的某种大气现象。这颗新星并不是真正的年轻的'新星'。其实，它们早就已经存在了，只不过很暗，没有被人类发现而已。"

在公开演讲之前，伽利略的一些学生和朋友都劝他不要大范围地作宣传，否则会得罪一些人，甚至有可能招来麻烦。因为，人们都知道亚里士多德派势力的强大。但是，伽利略的性格使他的学生和朋友都认识到，劝是没用的，只是提醒他小心为好。

伽利略的几次公开演讲起到了效果，许多人相信了他的解释。

但是，伽利略的观点并没有被所有人接受。比如和他共事、曾是他的好友的帕多瓦大学的教授克雷蒙尼尼。他这次再也不能容忍伽利略的"胡说八道"了，因为这次危及了亚里士多德的自然哲学的根本。

克雷蒙尼尼为此特意写了一篇论文与伽利略进行论战。

伽利略认为这是关系到自然科学生死存亡的大事，不能顾惜朋友之谊而毁掉真理。于是，伽利略也写了一篇论文回敬克雷蒙尼尼。

但是，伽利略和克雷蒙尼尼又是好朋友，伽利略不忍心好友陷入难堪的境地。于是，他就把论文采用对话的形式进行了发表。

伽利略关于新星的 3 次演讲，让他的名字再一次被更多的人所知晓。

每次当伽利略演讲的时候，教室都会被挤得水泄不通。听众中除了大学生以外，还有社会各界人士。许多来帕多瓦访问的名流，都以能够亲耳聆听伽利略的演讲为荣。

在从外地来帕多瓦听演讲的学生当中，有一位叫作尼克洛的年轻贵族，他是托斯卡纳王宫御前大臣的儿子。当他听了伽利略的演讲之后，对伽利略崇拜至极，并且为佛罗伦萨出现了这么优秀的学者感到无比骄傲。

尼克洛经过多方询问，方知道伽利略原是佛罗伦萨人。于是，他在回到佛罗伦萨以后，对他的父亲提起了这件事情。

尼克洛的父亲听儿子问起伽利略，想了一下，说道："他原来是比萨大学的一名教授，因为得罪了约范尼王子被开除了。"

尼克洛有些兴奋地说道："是的，父亲，前几天我到威尼斯去办事，在帕多瓦大学听伽利略教授演讲。他在当地威信很高，被看成是学识渊博的学者。真没想到，我们佛罗伦萨，竟有这样杰出的人才！"

"是啊！我们佛罗伦萨就是人才辈出的地方，过去出过达·芬奇、米开朗基罗等，现在，又出现了这样一位举世闻名的数学家。这是我们佛罗伦萨人的光荣和骄傲。"

尼克洛有些疑惑地说道："可是父亲，既然是这样，这么优秀的学者现在却在异地他乡，难道他也要像达·芬奇和米开朗基罗那样客死他乡吗？"

尼克洛想了一会儿，又接着说道："我觉得我们应该把荣誉还给佛罗伦萨，我们应该想办法，使伽利略能够回到佛罗伦萨来。"

"儿子，你说得对，应当让伽利略教授回到佛罗伦萨来。我有机会到宫廷去说这件事。"

大臣同意了儿子的意见，于是，他找了个机会向托斯卡纳大公夫人克丽丝蒂娜禀告了伽利略在帕多瓦大学成为欧洲闻名的科学家的情况。

克丽丝蒂娜听了很是惊讶，没想到伽利略离开佛罗伦萨几年的时间竟然一举成名。她立刻吩咐官员给伽利略写了一封信，邀请他到佛罗伦萨夏宫来一趟，并且希望他教小王子科西默使用他发明的军用测位罗盘仪。

收到御前大臣的信，伽利略感到有一些意外。他是 27 岁离开比萨大学来到威尼斯的，屈指算来，离开家乡已经 10 多年了，今天家乡有人来信请他回去，一股浓浓的思乡之情油然而生。

这些年，父亲生前的债务他都一点一点地还清了，两个出嫁的妹妹，他也为她们分别准备了一份和她们的身份相称的嫁妆。还有那个懒惰的、整天游手好闲的弟弟，伽利略要为他支付永远都满足不了的各种费用。

另外，他有自己的一摊儿工作，他要花时间和精力去备课，去搞研究，去教私人学生等，虽然才 40 岁左右，但是伽利略已经显得苍老了，看起来和他的年龄不相符。

而且在当时，伽利略已经看到帕多瓦大学里的许多资深的教授眼神中的那种仇视了。

一方面是因为伽利略取得的令世人瞩目的成就令他们嫉妒，另一方面是因为伽利略取得的这些成就，有一部分是在公开地向亚里士多德挑战。这也是他们最不能忍受的一点。

要知道，亚里士多德是他们的偶像，是他们一生的信仰，是他们借以维护他们的尊严和在学生面前摆出姿态的根本。可是如今，这些都被伽利略否定了，这是他们最难以忍受的。

让伽利略感到有些不安的是，这些人的势力还不小，对于掌握着真理的少数人来说，肯定是一种危机，因为他们威胁了伽利略在帕多瓦大学的职位。

伽利略曾经去过曼托瓦公国。那是意大利北部的一个小公国，他见到了宫查格公爵，并亲自教宫查格公爵学习使用军事测量仪器。

当课程结束的时候，宫查格公爵给了伽利略一笔超过他的年薪的重赏。

伽利略至今还记得他拿到赏金时候的心情。当时，他想留在曼托瓦公国，因为可以得到更多的奖赏。

可是没多久，伽利略就发现，曼托瓦公国实在是太小了，它的实力也不够雄厚。所以，他们能够给予伽利略的赏金肯定也是有限的，只有留在一个有经济实力的大公国里，伽利略才能长期地获得很高的报酬。

如果能在托斯卡纳宫廷里谋到一个职位，伽利略就会有比较优厚的待遇，他就可以不再演讲，也不用给私人学生授课。他可以有更多的时间去研究和发现新的问题。

对故乡的思念，加上自己在理论上与朋友和亚里士多德派的严重分歧，让伽利略在收到大臣信函的这天晚上思绪万千。

第二天早晨，伽利略起床后，给克丽丝蒂娜夫人回了一封信，表示暑假时回佛罗伦萨去拜见夫人和王子。

在这一年的暑假，伽利略终于回到了阔别多年的家乡佛罗伦萨。

家乡的一切都令他感到了熟悉和亲切，他觉得佛罗伦萨比以往更加繁华美丽了。

伽利略在这里受到了宫廷官员们的热情接待。克丽丝蒂娜夫人在宫殿设宴款待伽利略，并对他取得的成就表示祝贺。大公夫人还赠送给他一些贵重礼品。

王子科西默也见过了伽利略，他的父亲让他向伽利略问好。伽利略带回一架军用测位罗盘仪，赠送给小王子科西默，并教他怎样使用罗盘仪。14 岁的小王子科西默聪明好学，对罗盘仪很感兴趣。

从宫殿出来，伽利略兴冲冲地回到家里。

母亲已经好久没有见到自己的儿子了，虽然此时伽利略已经为人父了，但是他在母亲的眼里，永远只是她的孩子。

家乡的亲朋好友听说伽利略在外边成名的消息，都前来祝贺，各

家先后宴请伽利略，使他难得有好好休息的时间。

　　这些天，伽利略一个人经常在佛罗伦萨的街头漫步，他还去了圣·马可修道院。

　　他来到大教堂，这里面的洗礼楼的大门曾被米开朗基罗称赞为"美如天堂的门"，伽利略走进教堂做了一个祷告，他感谢主，在迷途之中，把他送回了佛罗伦萨。

　　伽利略本想在宫廷教学的，但是，大公和夫人并没有让他留在宫廷的意思。虽然王子科西默曾经对他说："伽利略先生，等我长大了，当上了大公，我会聘你当我的宫廷教授。"

　　科西默王子的许诺，让伽利略陷入了两难境地，但是经过反复的思考，伽利略感觉在威尼斯更适合自己的学术研究以及教学。而且在这个时候，伽利略也接到了帕多瓦大学的再次聘任的信函，并且这次还为他增加了薪水。

　　于是，暑假结束后，伽利略又匆匆赶回了威尼斯。

发明制造望远镜

多年来，伽利略了解外面的世界，都是靠和朋友们的书信互相交流。

1609 年 7 月的一天，伽利略接到了一位荷兰朋友的书信。

这位荷兰朋友也是个科学家，对实验很感兴趣。在信中，他向伽利略叙述了自己这一段时期以来所做的各种实验和小发明。

在信的末尾，这位荷兰朋友对伽利略说，最近，当地有一个叫利波希的商人，制造了一种特殊的镜片，这种镜片能看见很远很远的连人的肉眼都无法看见的东西，看远处的东西就像在眼前一样，很是神奇。每天去他的商店里观看这种镜片的人有很多，他的生意也随之火暴起来。

就在几个月以前，利波希在立帕塞这个小城做眼镜生意，一天他在磨镜片的时候，忽然听到正在隔壁工作室里工作的小童工大声喊叫着："奇迹发生了！"

利波希险些因他的喊叫声而磨坏了镜片，于是不满地嚷道："发生什么事情了？大惊小怪的。"

"师傅，我们看到了很远处的高楼啊！"几个小童工突然兴奋地叫嚷着。

利波希生气极了，什么高楼，这个小城里面的高楼多了，值得这么大惊小怪的吗！于是，他大声对两个小童工叫道："这难道就是你们大声尖叫的理由吗？你们还不好好干活，小心我扣掉你们的薪酬。"

小童工平时如果听到了这一句，一定会安静下来，可是今天他们却是从隔壁的屋子里面兴冲冲地跑了进来，大声对利波希叫道："师傅，您别生气，我是从镜片里看到了远处的高楼，刚才我把两个镜片对着光，检查它们擦得是不是符合您的要求的时候，我从镜片里看见了远处我们用眼睛也看不见的高楼啦！"

利波希闻言，不由也有些疑惑，但还是先训斥了一顿两个兴奋的小童工。这才从他们的手中接过两个镜片，按照童工的说法将两个镜片互相重叠着看，果然从窗外竟然可以看到很远的地方。

利波希几乎不敢相信自己的眼睛了，大声叫道："上帝呀！镜片里的高楼仿佛就是在眼前，甚至可以清楚地看到楼上面的雕刻，还看到钟楼旁边的那棵树，那棵树上的红色的果实。"

好一会儿，利波希直起身子，严肃地对徒弟们说："听着，你们可不能把这件事告诉任何人，否则，你们的命运就惨了。"

利波希非常聪明，而且很有商业头脑，他很快就想到这个发现可以给他带来意想不到的商业利益。

于是，在接下来的几天里，他对镜片的配置作了一些改进。当他把一个凸透镜和一个凹透镜放在一起时，他发现通过这两层镜片看到的远处的东西不仅是清晰的，而且是正立的，再也不用扭着身子、歪着脑袋看了。

利波希把这两个镜片固定在一个圆筒里，这样随便举到眼前，对准哪里，就看哪里。接着，利波希又把这个圆筒固定在窗前，让市民们观看这个奇景，并对每一个前来观看的人收费。这个生意一直十分火暴，前来观看的人络绎不绝。

后来，利波希制作了一个这样的圆筒镜，把它送给摩里斯伯爵。摩里斯伯爵非常重视这项发明，他把这个圆筒镜展示在军事顾问们的面前，问他们是否可以观察敌方的船队。

1608 年 10 月 2 日，利波希取得了这些发明的专利权，并获得了荷兰国会的一笔奖金，12 月 15 日的时候，他又把单筒望远镜改为双筒望远镜，因而又获得了一笔奖金。

伽利略从朋友的书信当中听说这件事情后非常兴奋。一直以来他都在研究物理，而且从荷兰朋友的书信中便可以判定利波希的那个设备之所以能够看得那么远，一定是与物理学中的光学有着一定的联系，他相信自己也可以造出同样的东西来。

于是，他写信给那位荷兰的朋友说，他也可以造出这样的东西来。

为此，伽利略拜访了科学家萨比。萨比是伽利略通过潘因里教授认识的朋友，他是威尼斯共和国的科学顾问，手头掌握各国发明创造的资料。在萨比那里，伽利略看到了荷兰人发明的能看见远处东西的"远望的镜片"的资料。目前这种镜片在商店里被作为玩具出售。

伽利略跑了几个商店没有买到这种玩具。拿着资料回到家里，仔细阅读起来。资料的大意是说用两个磨光的镜片，间隔一定距离，放在圆筒中，就可以将远处的东西看清楚。

当时欧洲已经有了玻璃制品，但比较昂贵，伽利略从商店里花高价购买了几块夹鼻眼镜镜片，将两块镜片，间隔一定距离，插在铅管中间。伸出窗外，朝远处看了几眼，远处的东西和用眼睛直接观看没什么区别。

很显然，这些镜片需要经过特殊处理才可以成功。

这个时候，伽利略接到了荷兰朋友的书信，朋友来信说："你不用浪费那些工夫和时间啦！利波希已经到了威尼斯，准备把他的仪器卖给威尼斯政府。对于水上之城来说，有了它肯定就会方便很多了。到时候你就可以在威尼斯见到这个仪器啦！"

伽利略看完信后，立即给萨比写了一封信，让他向威尼斯的大公建议不要买荷兰商人制造的东西，并且说自己不久也会造出同样的仪器，无偿献给威尼斯政府。

萨比接到伽利略的信后，虽然疑惑重重，但还是去见了大公。当时，利波希正在向大公推荐他的仪器，大公面露喜色，爱不释手，萨

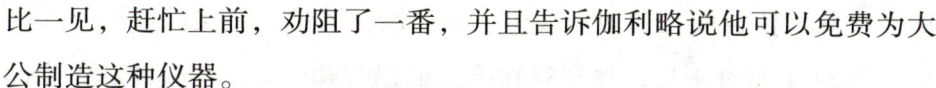

比一见，赶忙上前，劝阻了一番，并且告诉伽利略说他可以免费为大公制造这种仪器。

大公将信将疑，但见萨比说得比较坚决，也就没有买利波希制造的仪器。

萨比将这件事告诉了伽利略，并且让伽利略尽快将仪器制造出来。

但是，伽利略尝试了几次，都失败了，镜片并没有起到任何的效果，看不到远处的景象。

伽利略很灰心，后悔没有买到一个"远望的镜片"玩具做标本，有了标本，可以拆开来，看看里面是怎样装配的、镜片究竟是什么样的。

伽利略将资料又反复看了几遍，又对照自己制作的镜片，认为没什么毛病。什么原因呢？伽利略想了又想。他想：能将远处景物放大的关键在镜片，如果将两块镜片分别磨制一下怎么样？

伽利略将两块镜片，一块磨成平凸形，一块磨成平凹形。磨好后分别插在铅管中，调好了距离，伸出窗外朝远处望去。

奇迹终于发生了，他终于看到了远处的钟楼。但是所有的景物却都是颠倒着的，钟楼的楼尖竟然是冲着地下的。

但是，这已经让伽利略非常高兴了。他给萨比写信，说他的实验马上就要成功了，并且已经可以看到远处的景象了。

过了几天，伽利略又对镜片的磨制加以改进，用一个凸透镜片和一个凹透镜片配在一起，再进行观测，不仅能看清楚远处

的钟楼和大树，而且钟楼和大树不再颠倒，塔尖和树尖已刺向蓝天。

1609 年 8 月 4 日，伽利略利用一根铝管和一个凹透镜片、一个凸透镜片，在调好两个镜片的距离之后，制造出了一架倍率为 3 的望远镜。他立即向威尼斯政府通报，他已经能够制造出望远镜了，所以不必理会荷兰商人的"技术秘密"。

随后，伽利略又成功地制造出了倍率为 9 的望远镜。他把望远镜带到威尼斯，安置在圣马克广场的塔楼的顶层。这处塔楼是威尼斯最高的建筑物，在这儿，人可以看到天上和陆地上的景物。

前来参观伽利略望远镜的威尼斯共和国官员、富绅和学者们纷纷来到望远镜前一饱眼福。

大家都不由惊讶不已，有人叫道以后要告诉夫人们，在家里洗澡的话，可千万不能再打开窗户了，大家不由哄然大笑。

一位威尼斯的元老兴奋地说："诸位，我十分光荣地指出，在人类的历史上，威尼斯又写下了光辉的一页。"

元老扬了扬眉毛，继续说："诸位，在诸位欢庆之余，是否要利用这项发明？"

"利用在什么地方呢？"有人在考虑着。

"我想，如果把它运用在战争中，那么，我们就可以比敌人早两个小时看见他们的船只和数量，我们可以知道他们的实力，可以知道他们正在驶往的方向，从而制订有效的行动计划。"

这位元老的话赢来了一阵热烈的掌声，接着就是没完没了的喝彩声、祝贺声。

其实，伽利略的初衷，并不是要将望远镜的用途发挥在战场上，但他对这些已经无能为力了。

过了数日，共和国政府检察长兼帕多瓦大学校长普瑞乌里代表政府收下这架望远镜，并在召开校务会议时决定，聘请伽利略为终身教授，年薪从 500 弗罗林金币增加到 1000 弗罗林金币。

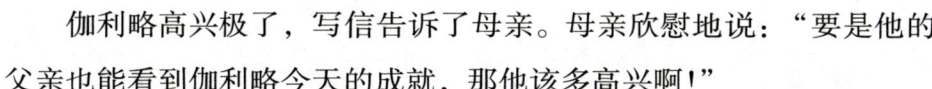

伽利略高兴极了，写信告诉了母亲。母亲欣慰地说："要是他的父亲也能看到伽利略今天的成就，那他该多高兴啊！"

伽利略后来在著名的《星辰使者》中写下了望远镜发现的历程。伽利略写道：

10个月以前，我听说某位荷兰商人制造成一种望远镜，利用它可使远离双眼的有形物体变得清晰可辨，犹如近在眼前。

这个消息传开后，一些人相信，一些人不相信。不久，一位荷兰朋友来信向我证实了这件事情。这个消息使我也想制造同样的仪器，为此，我着手研究这种仪器的原理并考察制造的环境。

后来，我依据折射理论很快掌握了这种镜子的要点，我就开始制造铅质镜筒，在镜筒两端安装两块光学镜片。

两个镜片一面是平坦的，另一面则一片是凸的，另一片是凹的。把眼睛朝凹镜片看去，我看到的物体比双眼直接看到的仿佛近3倍、大10倍。

此后，我把镜筒做得更精密，通过它看到的物体，可放大到60倍。

后来，我不吝惜人力和材料精益求精，把我制成的仪器完善到通过它去看实物，它们比自然地看到的实物几乎要大1000倍、近30倍。

这种仪器无论用在陆上，或是用在海上，都十分方便。

伽利略发明望远镜以后，在威尼斯引起极大反响，有人曾化名为萨西出版了一本小册子，否认伽利略在制造望远镜中的功劳。

伽利略在1623年写了一本名叫"考察者"的小册子详细叙述了

这件事。

伽利略写道：

> 有人说，光学镜筒做出来后，我已经得到了确切的消息，没有这个消息，我会什么都发明不出来。对于这一点，我真不知道说什么好。

> 说实在话，荷兰来的信息激起了我研究这种镜子的愿望，从这个意义上说，确实是信息帮了我的忙。

> 如果没有听到信息，也许我什么时候都不会去思考这件事情，这种说法应该是准确的。

> 但除此以外，我不知道这个信息对发明还能起到其他什么作用。

> 不但如此，我还相信，解决别人已经解决了的问题，是一个比解决别人不曾想到和不曾提到的问题更困难的事情，因为有时机遇能起巨大的作用，灵感能使一切都顺理成章。

> 现在我们确实知道，第一个发明望远镜的那个荷兰人是一个制造常用眼镜的普通工匠。他在翻寻各种不同品种的玻璃片时，偶然通过两片玻璃（一片凸的、一片凹的）去看，并让眼睛同玻璃片离各种不同的距离去看，一下子他看到并观测出较远的物体出现在眼前的效果，他就是这样发明了望远镜仪器的。

> 我则受上述信息的启发，经过深思熟虑才制成这种仪器的。

> 下面我说说发明这个仪器的过程和原理。

> 这个产品包含一片或多片玻璃。一片玻璃不够，因为玻璃的形状或者是凸的（即中间比较厚），或者是凹的（即中间比较薄），或者是以两个平行面为界的（即平面玻璃），

可是平面玻璃根本不能改变物体的形状，凹玻璃会缩小物体，凸玻璃虽然会放大物体，却会使物体形象模糊、发生畸变，因此为了获得望远的效果，使用任何一种玻璃都是不够的。

后来，我改变主意试用两种玻璃。我知道，如前面已讲过的，用平面玻璃什么也没有改变，就是把其余两种玻璃的任何一种和平面玻璃组装使用也都得不出所希望的结果。

因此，我不再用平面玻璃，而是用其余两种玻璃组装，结果我看到了我追求的效果。

在这条发现的道路上，我所获悉的荷兰信息结果虽然证实，却并没有给我带来任何帮助。

如果有人还是认为，确信别人做出来的成果曾大大地减轻了我探索获得有效的方法之苦的话，那就希望他们读一读历史，看看古希腊科学家阿尔锡达思是如何发明飞鸽的，或看看阿基米德是怎样发明能够照亮远处的反射镜的。

我还希望他们研究其他一些令人惊奇的机器是怎样发明出来的。

说具体一点，伽利略发明制造望远镜的目的实际上是为了观测天象、观测遥远星空的奥秘。

月亮上的新发现

有了望远镜之后，伽利略自幼养成在晚上观察天空的兴趣更是有增无减了。

1609 年 11 月底，伽利略制造出能放大 20 倍的望远镜。他经过观测远处的景物，确定倍率没有误差之后，忽然想起来，回佛罗伦萨探亲时，小妹莉维娅用望远镜看月亮时说月亮上有山峰的事儿。

当他用倍率为 9 的望远镜看时，没有什么确切的发现。当伽利略成功地研制出倍率为 20 的望远镜时，他相信，情形必将有所不同。

一天晚上，伽利略登上了顶层的观察室。圆盘般的月亮，点缀在黑幕一般的夜空上。月光轻柔地洒向人间，似乎在安慰地球上所有有着不幸的人们，让他们在月光的怀抱里暂时放下重重心事，静静地休息一会儿。

月光也似乎在祝福着所有的情人，让他们在月光下看到爱人美丽的脸庞。

伽利略把望远镜放到合适的位置，开始向月亮看去。

平常用眼睛经常看到天上的月亮只是个明亮的圆盘，在望远镜中看到的月亮，边缘呈锯齿形，中间有些地方显得阴暗，有些地方则特别明亮。

伽利略不由感到怪异，在想发亮的地方是什么东西？难道真像小妹莉维娅所说的是山峰、阴暗的地方是峡谷？伽利略一连观测了 3 天，但始终不能确定那些阴暗的地方究竟是什么东西。

这一天，正当伽利略观测兴致很浓的时候，他的好友沙格列陀恰好来看望他。听到伽利略的仆人说伽利略还在顶层"观看月亮"，沙格列陀不由说道："伽利略有关节炎，这么冷的天，你应该劝他停止观察呀！"

仆人有些委屈地说道："沙格列陀先生，您有所不知，刚才我也上去过了，给他送件厚衣服，可是还没等我说话，他就让我出去。"

沙格列陀心中有些不解，凭他对伽利略的了解，伽利略一定是有了什么重大发现，否则他也不会这么晚了还在工作。于是，他向仆人要了件厚衣服，到顶层去看望伽利略。

沙格列陀是帕多瓦大学的数学教授，个子矮小，能言善辩。他和伽利略是朋友也是同行，也爱好天文学。最近听说伽利略成功研制了望远镜，就三天两头往伽利略家里跑。

伽利略一看是沙格列陀来了，便高兴地叫道："我正在观测月亮，你快来看看，月亮上面都是些什么东西？"

沙格列陀俯下身，通过望远镜，看了好一会儿，低声说："月亮的边缘好像是不规则的，凸凸凹凹有点儿像锯齿。有亮点，有暗影，好像有些高低不平。"

"你怎样解释那些明亮的地方？"伽利略向好朋友询问着。

沙格列陀也有些迷惑地说道："我说不清楚是什么。"

"我看是山，太阳照到它们就会闪闪发亮，照不到的地方，一片黑暗。那些连在一起的亮点，就是山脉。"

伽利略看着好朋友惊讶的神情，继续说道："那是一些巍峨挺拔的高山，就像地球上的高山一样。它们本身没有光芒，可是，当太阳照亮它们的时候，它们就会像黄金一样发亮。而刚才我们所看见的光点汇成一片，其实那就是一条一条的山脉，是一条山脉在反射太阳光。"

"不可能是山！这和两千年来天文学所说的完全不同。"沙格列陀不由地争论着。

"那又怎么样！我知道这种说法和亚里士多德老先生说的完全相

反，可是，科学是要以事实为依据的，现在，我们用眼睛看到的真真切切的事实，我们为什么不能去相信呢？"

"在月亮上，亮的地方是山，暗的地方是峡谷，下这样的结论，为时过早。我看，还是坚持亚里士多德的观点为好：月亮是个光滑美丽永远不变的圆球，是绝对完美的天体。"

"不，不。"伽利略继续跟朋友争辩着，"我说月亮上有山峰，还有峡谷，不光是看到上面有亮点、有暗影，你再仔细看看，在一个大亮点的旁边有一条黑影，随着月亮的不断升空，那条黑影也在移动。就和我们地球一样，太阳照到阿尔卑斯山，阳面发出亮光，阴面出现黑影。地球在转动，黑影也移动。"

"照你这么说，地球和月亮一样，不是成了双胞胎了吗？都是天空中的星球？"沙格列陀感到惊诧至极，但是他依旧继续说道："你的说法，在理论上行不通，亚里士多德说，地球是宇宙的中心。太阳、月亮、星星都在围绕着地球运转。地球怎么能像月亮一样成为一颗星呢？"

"事实胜于雄辩。你再看，我们看到的是不圆的月亮。欠缺的那个边，显得有些灰暗。那是太阳照不到的地方，但是那个边也发光。"

两个人说着，对准望远镜又抬头看了好一会儿天空中明亮的月亮，伽利略这才继续说道："我对着月亮已经观测半天了，早就看到月亮缺损的地方在发出亮光，这个亮光是哪儿来的呢？那就是地球照射出的光。"

沙格列陀闻言，正要大声辩驳。伽利略却仍在继续阐述着自己的观点："我知道地球自身不会发光，但是，它和月亮一样，都是反射太阳的光。夜晚的月亮为什么明亮？那是太阳照射的结果，如果夜晚从月亮上看地球，地球也是明亮的。"

沙格列陀沉吟了好一会儿，这才说道："照你这样说，地球和月亮简直没什么区别了！"接着，抬起头严肃地对伽利略说道："请不要

忘记，9 年前布鲁诺正是因为坚持这么说才被活活烧死的。"

沙格列陀的话，不仅让伽利略想起了布鲁诺，而且也想起了古罗马诗人奥维德写的《变形记》中《阿克泰翁偷看狄安娜入浴》的神话。

传说，有一天猎人阿克泰翁在基龙山区的森林里狩猎的时候，由于太阳照射十分强烈，所以人间的温度很高，阿克泰翁有点儿疲惫了。他看了看自己的猎物已经不算少了，于是想找个阴凉的地方睡一会儿。

阿克泰翁走啊走，突然，他觉得一阵清凉的风吹来，其间还掺杂着一些水草的清香。不一会儿，他便发现了一片湖。

阿克泰翁高兴地飞奔起来，这时候，清凉的湖水正是他所需要的，可是，阿克泰翁还没有意识到，他已经闯进了月亮女神狄安娜的圣林。

阿克泰翁来到湖边，捧起一捧湖水来解渴，忽然看见远处有一个美丽的女孩正在湖水里洗澡。阿克泰翁被她的美丽惊呆了，他双手捧着仅仅剩下的空气，目不转睛地盯着她看。

这个女孩儿就是月亮女神狄安娜，狄安娜抬起头，一眼便看见了站在那儿发呆的阿克泰翁，她吓坏了。

狄安娜看到阿克泰翁并没有因此而转身离去，而是依旧站在湖边看着湖水里的她，不由震怒了，她从湖里舀起一杯水，猛地喷洒到阿克泰翁的头上和脸上，并十分愤怒地说："如果有本事的话，那就去告诉大家，你都看到了些什么！"

阿克泰翁这才醒过神来，他感到一阵恐惧，于是转头就跑，健步如飞。

过了不久，阿克泰翁这时候还不知道自己的头上已经慢慢长出了一对犄角，耳朵也在慢慢地变得又尖又长，渐渐地，阿克泰翁的奔跑姿势变了，他的两只手着地了，他的手臂变成前腿、双手变成蹄子了。更可怕的是，他的身上还长出了带有斑纹的皮毛。

阿克泰翁已经不是人了，他被月亮女神狄安娜变成了一只鹿！在河边，阿克泰翁看到自己的样子，不禁悲从中来。他想张开嘴巴，可嘴巴僵硬得像一块石头，他发不出声音来。

正当阿克泰翁悲泣之时，一群猎狗向他冲来，尽管他拼命地奔跑，但还是被凶猛的猎狗团团围住，锋利的牙齿插入了阿克泰翁的血肉之躯。

伽利略想到这里，禁不住打了一个寒战。当伽利略再次抬头去看月亮的时候，他感觉月亮是那么温柔、那么迷人，怎么会对人类抱有恶意呢？而且，这只是一个传说的神话故事而已，虽然布鲁诺的遭遇让他心中有些不安，但他还是相信自己的眼睛，相信事实。

沙格列陀见伽利略陷入了沉思，语重心长地说道："你这样说是有风险的，我担心教会要找你的麻烦！"

伽利略激动地说："事实就是事实，我绝不去说谎，我看到了月亮上有山脉和大量的环形山。我认为，天和地之间是没有区别的。通过今天对月亮的观测，可以说《圣经》上说的天已经不存在了，我们应当记住这个日子！"

之后，伽利略根据山峰的阴影估计出了山脉的高度，他把这些观察结果都记在了他的《对话》中，并且在日记中写道："我断定，月亮表面不平滑，绝不像很多哲学家所说的那样是个完美的球形。相反，它表层起伏不平，到处是山峰和沟壑，如同地球上的高山深谷一样。"

宇宙的最新发现

伽利略把他对月亮的一些新发现告诉了一些朋友和学生。

然而，伽利略很快觉察到周围的一些人，尤其是一些哲学家，对他的发现嗤之以鼻。

伽利略觉得这些人真是固执至极，于是决定让他们亲自去看一看，以验证事实。

可是，那些哲学家就是不肯去看，虽然有些哲学家在望远镜里看到了月亮，可是在他们眼里看到的却是不一样的情景。

他们依旧固执且一致认为，月亮表面是光滑的球体，它的表面覆盖着一层透明的晶体，在这层晶体下面才是伽利略看到的群山的一些东西。

1610年1月7日，深夜1点钟，伽利略再一次站在楼顶，用他最新制成的倍率为30的望远镜认真地观测起天体来。

他将夜空中的繁星浏览一遍之后，他发现原来只有六七颗星的金牛星座，现在却看到了36颗星球；在猎户星座，原来只能见到37颗星球，现在竟然可以看到80多颗。

然后伽利略又观察了银河的一部分。他发现那里是密密麻麻的数不清的星团，都是由大量的恒星组成的。

最后，他将镜头落在了木星上。

他发现，今天看到的木星跟以往见到的木星不一样。

今晚的木星显得有些奇怪，它不仅特别明亮，而且在它身旁还有3颗小星，虽然很小，却依旧很明亮。这是过去观测木星时从来没有看到过的现象。

天空中只出现了木星和土星两颗亮星。由于土星的位置太低，所以在日落后的一个半小时，它就达到了地平线上，而且几乎已经看不到了。这时，只剩下木星高高悬挂于东方的天幕上。

于是，伽利略连续几天都一直在观察着木星。

第二天晚上，伽利略又看到了那3颗小星，但是，它们的位置却变了。这3颗小星都到了木星的西侧，而且相互间的距离缩小了很多。

伽利略认为，这3颗小星有可能就是恒星，因它们距离地球比较远，所以看起来显得特别小。

而木星是行星，是它在3颗小恒星前面移动。

伽利略头一天看到的是它移动到3颗小恒星中间，东边两颗、西边1颗。第二天，木星就移动到了3颗小恒星的东边。

第三天夜晚，空中多云，伽利略什么都没有看到。

第四天晚上，木星周围只有两颗小星出现，而且都在木星的东侧。

第五天夜晚，天气晴朗，万里无云。伽利略支好望远镜朝木星方向望去，又看到一个新的排列。小恒星变成了两颗，木星还是在东边。

伽利略想，行星应当朝一个方向移动，木星自西向东，移到3颗小恒星东边是对的，但仅隔两天，不可能又折回来。这是怎么回事呢？

伽利略恍然大悟，是这3颗小星球移动了！它们不是恒星，而是环绕木星运转的3个"月亮"。3颗小星变成了两颗，必定是有1颗藏在木星的后面。

第六天晚上，还是3颗小星，1颗在西侧，两颗在东侧，而且似乎不是原来的那3颗了。

第七天晚上，木星周围出现了4颗小星，东边有1颗，而西边有

3 颗。

第九天晚上，这 4 颗星都在西边，而且几乎在同一条直线上。

过了几天，伽利略又朝木星方向观测，又出现新的天象。木星在中间，东边 1 颗，西边 3 颗小星。伽利略感到非常惊讶。难道木星的卫星有 4 颗吗？

又经过几次精心观测，伽利略已经断定，木星有 4 颗卫星，它们像地球上的月亮一样，紧紧环绕着木星在宇宙中运行。

伽利略的发现又在哲学家中遭到了保守派的强烈反对，他们仍然大肆地攻击伽利略的发现。

他们说，伽利略违背了亚里士多德和托勒密的地心说，是拥护哥白尼的太阳为中心的邪说。

还有人说，伽利略的发现与《圣经》的教义背道而驰，是在否认教廷早就肯定了的真理。

伽利略极力反驳说："亚里士多德也是十分盼望发现真理的，如果当年他们能够用我的望远镜观察宇宙，一定会改变他们的观点。"

但是，伽利略说发现天上还有 4 颗游星，把游星说成是 11 颗，是违反世界事物的常识，也是完全荒谬和错误的！

在佛罗伦萨有一个贵族，他因为攻击伽利略而出了名。

他提出在 7 个游星当中，它们分别是两个代表善良的星、两个代表不吉祥的星、两个代表领导的星，还有一个好坏不定的星，并且说伽利略发现的木星有 4 颗卫星不是用肉眼所能看见的，离地球很远很远，因此它们对人类来讲毫无用处，就等于它们不存在。

1610 年 3 月，伽利略为了说服不相信木星有 4 颗卫星的人，和对星空常识一无所知的人，他将近期用望远镜观察天体的所见所感，整理成文，撰写成了一本小册子，书名叫"星辰使者"。

《星辰使者》出版后，第一次印刷 500 册，几天内便销售一空。

一时间，在欧洲的大城市里，人们大谈伽利略、天文望远镜。

月亮上有山脉、木星还有 4 颗卫星等，街谈巷议，好不热闹。

更有甚者，干脆来到了威尼斯，要求购买伽利略发明的天文望远镜，好亲自过一把认识天空的瘾。

为了满足那些好奇者的心愿，伽利略不得不赶紧制造天文望远镜来满足求购者的需要。

伽利略想，若想使他的发现得到社会的承认，不仅要说服一些反对者，更重要的是要说服天文学家和教皇的专家，只要得到他们的相信和支持，他在宫廷中才有威信，才能得到皇室和大臣们的尊重。

伽利略首先说服的是在布拉格任职的大天文学家开普勒。《星辰使者》一出版，伽利略就寄给他一册。

开普勒读后很高兴，给伽利略回信说他听到有关伽利略令人难以置信的发现后，欣喜若狂，而这也解决了他以前所遇到的一些问题。

开普勒还在信中承认了自己以前出版的《宇宙的奥秘》一书中有关行星的叙述是完全错误的。

伽利略说服的另一个人是罗马耶稣会会士暨教皇的首席天文学家克拉威乌斯神父，他是意大利最受尊敬的专家。

之前，当克拉威乌斯听说伽利略发现 4 颗卫星时，他曾大加嘲笑，并断言，必是有人事先把 4 颗小星装进了望远镜中，否则伽利略怎么能用此仪器看到？

伽利略给克拉威乌斯寄去一封信，送给他一册《星辰使者》，还赠送给他一架望远镜。

克拉威乌斯学识渊博，为人正直。他仔细阅读了《星辰使者》，并用望远镜观测了木星，真真切切地看到了围绕木星运转的 4 颗卫星。他在罗马教皇面前大加赞赏伽利略。

与此同时，伽利略所在的帕多瓦大学也沸腾了，谈《星辰使者》，论月亮和木星，成为校园内的一大景观。校方也觉得应让伽利略专门就此开办演讲。

伽利略只得再挤出时间举办演讲，先后共办了 3 场，听众来自四面八方，不仅有帕多瓦大学的，也有其他大学的。

伽利略的发现震动了整个意大利。许多科学家和进步人士纷纷给他写信，热情地赞扬伽利略取得的伟大成就，并且颂扬伽利略是"天上的哥伦布"。

人们称赞说，哥伦布当初发现了新大陆，而今伽利略发现了新宇宙，这是意大利人的光荣和骄傲。

按照惯例，伽利略有权为他发现的新星命名。

让伽利略高兴的是，木星的卫星恰好是 4 颗，这是一个吉祥的数字，因为科西墨大公恰好是兄弟 4 人。为了日后能到佛罗伦萨宫廷去任职，伽利略决定，把这 4 颗卫星命名为"美第奇星群"。

再次回到家乡

伽利略的发现引起威尼斯大公的注意，他亲自写信表示祝贺，并派人送来了礼物以示奖赏。

伽利略本来想将这4颗发现星球命名为"科西默星"，但是有朋友说，4颗星叫一个名字不好，不如就叫作"美第奇星群"，为4个王子冠名。

伽利略想，这4颗星有了显赫的名字，即使反对者也要再三斟酌，因为攻击这4颗星就是攻击美第奇家族。

在托斯卡纳宫廷还为此召开了会议，他们对伽利略的发现表示肯定，并且同意了4颗星的命名，奖励给伽利略价值400弗罗林金币的金项链，链子下面还系着一枚大公勋章。

1609年，当年的小科西默王子已经长成人，并且于这一年继位了，被称为托斯卡纳大公科西墨二世。

伽利略还记得当年这位小王子对自己说等他继位了，会聘请伽利略来做他的宫廷教授。

现在，科西默果真当上了大公，于是伽利略重回佛罗伦萨的想法被重新唤起了。

对于伽利略来说，生活的重担一直都没能摆脱掉，所以，他的很多选择都必须以能够继续给自己、给家人带来安稳的生活为前提。

现在，是他回到佛罗伦萨的一个好机会。当年在科西默还是王子的时候，伽利略就给他写过一封信。在信中伽利略表示了对王子的敬意。

伽利略说，任何一位统治者都需要几个忠实而又有才干的侍从，

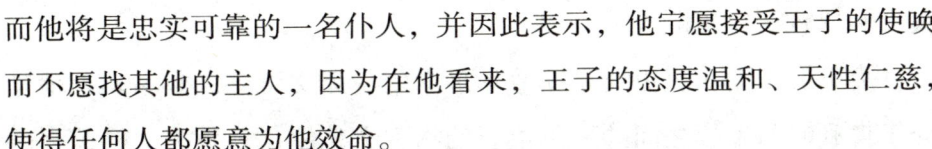

而他将是忠实可靠的一名仆人，并因此表示，他宁愿接受王子的使唤而不愿找其他的主人，因为在他看来，王子的态度温和、天性仁慈，使得任何人都愿意为他效命。

伽利略给王子写的信，在现在看来，可能是有些阿谀奉承和卑躬屈膝，其实，在当时的意大利的书信往来中，这只是一种规范和一种习惯，大家都以这种语言来表示对对方的尊重和敬仰，既然是一种习惯、一种约定俗成的东西，当时的人并未感到这是一种低三下四的语气。

于是，伽利略就让托斯卡纳宫廷里的一位大臣给科西默带了一封长信，再次表示了他想到宫廷任职的愿望。

但是，没过多久，就因为与女朋友甘巴闹分手的事情而耽搁了。

这次，伽利略因为发现美第奇星群而扬名整个欧洲，也一下子引起了托斯卡纳宫廷的注意。

1610 年，伽利略收到了托斯卡纳宫廷秘书的信，在信中传达了科西默大公的意思，如果伽利略回到佛罗伦萨，他可以有两个工作。一个是比萨大学首建的数学教授，另一个是担任托斯卡纳宫廷哲学及数学顾问。

这两个职位都让伽利略感到高兴，因为比萨大学的职位使他有了足够的面子，18 年前他被比萨大学冷冰冰地解了职，如今能风风光光地回去，当然是人生的一大快事。宫廷顾问的职位可以使他薪水不少而自由机动的时间很多，而且他还有权仲裁科学争端。

在这段时间，伽利略一直未中断用望远镜对天空进行观测。

伽利略先后发现了土星的两边各有一道美丽的光环，他猜想那光环可能是土星的卫星，因为这光环处于将要闭合时期。但是，伽利略未能作出肯定的判断。

其实，土星的光环并不是土星的卫星，土星的光环确实是存在的，整个结论是在半个世纪之后由荷兰科学家惠更斯通过 3 次细致的观察和比较后得出的。

克里斯蒂安·惠更斯是荷兰物理学家、天文学家、数学家，他是介于伽利略与牛顿之间的一位重要的物理学先驱，是历史上最著名的物理学家之一。

惠更斯对力学的发展和光学的研究都有杰出的贡献，在数学和天文学方面也有卓越的成就，是近代自然科学的一位重要的开拓者。他建立向心力定律，提出动量守恒原理，并改进了计时器。

惠更斯于1629年4月14日出生于海牙，父亲是大臣和诗人，与笛卡尔等学界名流交往甚密。惠更斯自幼聪慧，13岁时曾自制一台车床，表现出很强的动手能力。

在阿基米德等人的著作及笛卡尔等人的直接影响下，惠更斯致力于力学、光波学、天文学及数学的研究。

惠更斯善于把科学实践和理论研究结合起来，透彻地解决问题，因此在摆钟的发明、天文仪器的设计、弹性体碰撞和光的波动理论等方面都有突出成就。

1663年惠更斯被聘为英国皇家学会第一个外国会员，1666年刚成立的法国皇家科学院选他为院士。

惠更斯在天文学方面有着很大的贡献。他设计制造的光学和天文仪器精巧超群，如磨制了透镜，改进了望远镜，用它发现了土星光环等，并且他还改进了显微镜，惠更斯目镜至今仍然被采用，还有"空中望远镜"、展示星空的"行星机器"等也被采用。

惠更斯把大量的精力放在了研制和改进光学仪器上。当惠更斯还在荷兰的时候，就曾和他的哥哥一起以前所未有的精度成功地设计和磨制出了望远镜的透镜，进而改良了开普勒的望远镜。

惠更斯利用自己研制的望远镜进行了大量的天文观测。因此，他得到的报酬是解开了一个由来已久的天文学之谜。

伽利略曾通过望远镜观察过土星，他发现了"土星耳朵"，后来

又发现了土星的"耳朵"消失了。

伽利略之后的科学家对此问题也进行过研究，但都未得要领。"土星怪现象"成为天文学上的一个谜。

当惠更斯将自己改良的望远镜对准这颗行星时，他发现了在土星的旁边有一个薄而平的圆环，而且它很倾向于地球公转的轨道平面。

伽利略发现的土星的"耳朵"消失了，是由于土星的环有时候看上去呈线状。以后惠更斯又发现了土星的卫星土卫六，并且还观测到了猎户座星云、火星极冠等。

在这期间，伽利略还发现了银河是由无数的小星星组成的光带，而在伽利略之前，人们对于银河一直都是一无所知的。

另外，据后来的一些天文学家考证，伽利略可能在当时还观察到了海王星，但是他把海王星误认作恒星一类的天体而放弃了对它的继续研究。

如今，伽利略的名气已经越来越大了。并且接到佛罗伦萨宫廷的书信后，非常高兴。他的朋友却提出了不同的观点。

其中，伽利略的朋友沙格列陀听说伽利略打算回佛罗伦萨，急急忙忙来找伽利略。

他甚至说伽利略去佛罗伦萨就是走上了一条非常可怕的道路。

他认为，宫廷里有权势的人不会让一个知道真理，并且与亚里士多德理论相违背的人到处自由活动的。

他认为只有在威尼斯才会有言论自由、有公平进步的科技，但是在佛罗伦萨就不一样了，在那里伽利略一定会受到教廷的打击的。

沙格列陀真诚地说道："亲爱的伽利略，当你用望远镜望向天空的时候，我仿佛看见你就站在熊熊的烈火中，我似乎都已经闻到了烧焦了的人肉味！请你三思而行吧！"

但是，伽利略告诉自己的好朋友沙格列陀，他已经都准备好了，并且已经向帕多瓦大学提出了辞职。只要佛罗伦萨接受我，我就回去。

还有一位朋友也为伽利略的这项决定担心，他专程来到伽利略的家里劝说伽利略。

他告诉伽利略，在科学问题上，伽利略是我们这个时代最伟大的智者，可是在其他许多方面，伽利略却单纯得像个小孩子。

他告诉伽利略，伽利略在帕多瓦享受了 18 年的自由，那是因为威尼斯的统治者对罗马教皇的权势无所畏惧，而且，他会在伽利略需要的时候挺身而出，为您抗拒加在您头上的"冒犯上帝"的帽子。

伽利略的内心震动了一下，他又想起了烈火中的布鲁诺的结果。但是，伽利略依旧坚持，说道："那里是我的家乡，而且，我在那儿会有更多的时间进行研究，而不必忙于授课。"

父亲曾经的教诲让伽利略记忆犹新，无论怎么样，都要把自己的荣誉留在佛罗伦萨。况且，科西默大公对他如此信任和厚爱，他应该回去！

伽利略告诉朋友："在佛罗伦萨，科西默大公会保护我的，他诚挚地希望我能回去。"

朋友极力反对，叫道："不要说科西默大公，整个托斯卡纳宫廷都是直接受罗马教会控制的。"

伽利略却笑着说道："我想我可以在必要的时候亲自去罗马解释我的新发现。虽然我在威尼斯的这些年过得很快乐，但是我一直都在想念着我的家乡。"

最终，朋友们的劝阻没有能够挽留住伽利略。

1610 年的秋季，伽利略离开了威尼斯，离开了儿子文森佐，回到了佛罗伦萨。

天文学的新发现

1610年9月12日，伽利略终于回到了佛罗伦萨，秋高气爽，阳光明媚，把他心中的阴霾一扫而空。

他信步走在佛罗伦萨的街头，看见了迎风招展的白杨、让人心醉的天空、雕像林立的广场、恬静幽雅的教堂、成群结队的白羊、飞跑的马车，他发现这个城市更加美丽动人。

伽利略的衣锦还乡，让他受到了前所未有的迎接。比萨大学里的学生把他当作神明一般敬仰，昔日的敌对者，似乎也都离开了学校。现任的老师们都对伽利略尊崇备至，当他讲解他的新发明的时候，宫廷官员和科学家们都会洗耳恭听。

让伽利略感到安慰的是蒙特主教送了他一幅镶有珍珠的图画和一封写得十分诚挚的信，作为对伽利略赠予的望远镜的回报。而且，罗马学院的很多教授也开始承认木星周围有4颗卫星是确凿无疑的。

爱唠叨的母亲满脸堆笑地欢迎儿子回到家乡。两个出嫁的妹妹，领着丈夫来看望哥哥，显得殷勤、有礼貌。弟弟已经结婚，领着妻子也来欢迎大哥。这一切都让已经46岁的伽利略感到心满意足。

伽利略回到家乡，一切安排就绪，心情逐渐安定后，就去了宫廷任职。

科西默大公是个极其喜欢新思想的人，所以他的宫廷里有不少在当时许多领域有影响、有贡献的科学家。伽利略的几何启蒙老师里奇就是科西默大公的宫廷数学家之一。能当上宫廷科学家在当时也是许多科学家梦寐以求的事情。所以，自从里奇去世之后，伽利略就一直想做宫廷里的数学家。

在做宫廷数学家和哲学家的同时，伽利略没忘记，也没有放弃对天象的观测，并且又开始对星空进行更深入、更仔细的观测。

伽利略的学生卡斯特利写信给他，建议伽利略抓紧时间观察金星，因为如果哥白尼的主张是正确的，那么金星就应该是绕日而行，那么，金星就一定会有盈亏。于是，伽利略开始研究金星。

金星是太阳系的行星之一，按离太阳远近的次序计为第二颗，是大行星中离地球最近的一颗。我国古代把金星叫作太白星，早晨出现在东方时叫启明星，晚上出现在西方时叫长庚星。

伽利略过去用望远镜观测过金星，给他留下的印象，金星是一颗很亮的星。

一天晚上，伽利略先看了一会儿金星，金星依旧是亮亮的，分外耀目。然后他顺便把镜头移向土星。发现土星的外貌很奇特，星球的东、西两边各有两个斑点，好像是两个卫星。这一发现使伽利略很兴奋，以为在发现木星有4颗卫星之后，又发现了土星有两颗卫星。

可是过了两天，继续观测，发现土星的两个斑点消失了。令他很失望，于是不得不把镜头又对准金星。这时，伽利略发现金星缺了一个边，就像不圆的月亮。

一连两个星期的观察，伽利略得到了结果，他发现金星的盈亏规律。金星不但和月亮一样，在形状上可以由满月而变为娥眉月，而且光亮也会时而有增长和消退之分，它的外圆半径也会大小相异。

这一观测充分说明，金星不是绕地球运转而是绕太阳运转，从而彻底打破了亚里士多德和托勒密的以地球为中心的天体理论，证实了哥白尼的日心说是绝对正确的。

亚里士多德学派的人曾经说："如果各行星真是绕着太阳旋转，那么它们就该像月亮一样有盈有亏，而现在没有，所以哥白尼的学说是无稽之谈。"

伽利略的发现，无疑又是一个重大的发现。当时的人们普遍认为

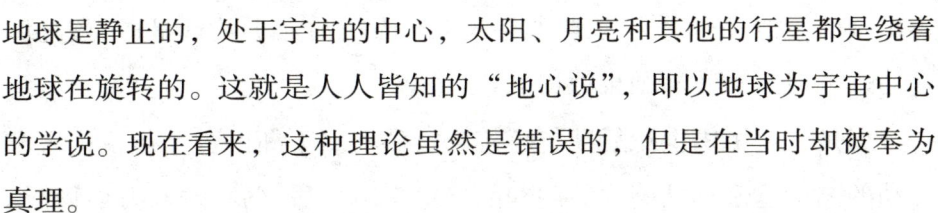

地球是静止的，处于宇宙的中心，太阳、月亮和其他的行星都是绕着地球在旋转的。这就是人人皆知的"地心说"，即以地球为宇宙中心的学说。现在看来，这种理论虽然是错误的，但是在当时却被奉为真理。

地心说是长期盛行于古代欧洲的宇宙学说。

最初由古希腊学者欧多克斯提出，经亚里士多德完善，又为托勒密进一步发展。在16世纪日心说创立之前的1000多年中，地心说一直占统治地位。

亚里士多德的地心说认为，宇宙是一个有限的球体，分为天地两层，地球位于宇宙中心，所以日月围绕地球运行，物体总是落向地面。

托勒密认为，地球处于宇宙中心静止不动。从地球向外，依次有月球、水星、金星、太阳、火星、木星和土星，在各自的圆轨道上绕地球运转。其中，行星的运动要比太阳、月球复杂些。行星在本轮上运动，而本轮又沿均轮绕地球运行。在太阳、月球行星之外，是镶嵌着所有恒星的天球恒星天。再外面，是推动天体运动的原动力。

地心说是世界上第一个行星体系模型。尽管它把地球当作宇宙中心是错误的，然而它的历史功绩不应抹杀。地心说承认地球是"球形"的，并把行星从恒星中区别出来，着眼于探索和揭示行星的运动规律，这标志着人类对宇宙认识的一大进步。

地心说最重要的成就是运用数学计算行星的运行，托勒密还第一次提出"运行轨道"的概念，设计出了一个本轮均轮模型。按照这个模型，人们能够对行星的运动进行定量计算，推测行星所在的位置，这是一个了不起的创造。

在一定时期里，依据这个模型可以在一定程度上正确地预测天象，因而在生产实践中也起过一定的作用。

地心说中的本轮均轮模型，毕竟是托勒密根据有限的观察资料拼凑出来的，他是通过人为地规定本轮、均轮的大小及行星运行速度，才使这个模型和实测结果取得一致。

但是，到了中世纪后期，随着观察仪器的不断改进，行星位置和运动的测量越来越精确，观测到的行星实际位置同这个模型的计算结果的偏差，就逐渐显露出来了。

信奉地心说的人们并没有认识到这是由于地心说本身的错误造成的，却用增加本轮的办法来补救地心说。

到了16世纪，哥白尼在持日心地动观的古希腊先辈和同时代学者的基础上，终于创立了日心说。从此，地心说便逐渐被淘汰。

伽利略认为，这一发现事关重大，必须尽快向大天文学家开普勒通告，以便申明他是金星盈亏的首次发现者。

为了谨慎起见，伽利略用一种类似于密码的文字，向远在布拉格的开普勒写信道："爱神的母亲模仿戴安娜的面容。"

这句话，看似很难懂，后来人们才破解了当时的谜底。爱神的母亲即指金星，戴安娜即指月亮，模仿面容就是改变形状。意思是金星像月亮一样可以改变面貌，有时是圆的，有时呈娥眉形。

开普勒对伽利略的发现给予肯定，并回信表示祝贺。还鼓励他继续观测，争取获得更多的成果。

伽利略在对几个行星进行了观测之后，又把镜头对准了太阳，对太阳表面的黑点进行了认真仔细的观察。

太阳上面有黑点，伽利略曾经用肉眼看到过。这个黑点是什么东西？这在伽利略心中始终是个谜。

通过用望远镜对太阳上黑点的长期观察，黑点是由太阳表面上的某种现象引起的，应当称其为黑子。黑子的形状很少变化，但它在太阳的表面慢慢移动。看到黑子在运动，伽利略推断，太阳是绕自身的轴线在不停地运动。

伽利略认为黑子是太阳表面的某种现象引起的，由黑子的运动，就可以推断出太阳是绕自身的轴线在运动的。这一点对于亚里士多德学派的人来说更是不可容忍的，他们坚持认为太阳是完美无缺的。

太阳神阿波罗象征着光明，阿波罗是音乐与诗歌之神、是医药之神、是航海保护之神、是银弓之神等。总之，人类将所有美好的光环都加在这位太阳神的身上，它的光辉普照着大地。而如今，伽利略却说它的上面有黑子，还说太阳也和其他行星一样自转。这让他们感觉到荒唐至极。

在佛罗伦萨期间，伽利略更加努力地从事科学研究工作，虽然研究实验工作是一件十分艰苦和劳心费神的事情，他的身体状况也明显地不如从前了，但他的心情却是十分愉悦。

对于一位科学家来说，能让他进行自己心爱的研究实验，能让他将自己的才能更好地发挥出来，这比让他天天吃得好、穿得好，舒舒服服享清福要强得多。

伽利略像个年轻人一样，不分昼夜地工作着。1613 年，他发表了《论太阳黑子的信札》。

在这封信中，伽利略以严谨的论证、犀利的笔锋，明确指出太阳和地球都在旋转，地球不但绕着太阳旋转，而且还在绕着自己的轴线自转，从而论证了哥白尼"日心说"的正确性和托勒密"地心说"的错误。

由于这些内容具有鲜明的哥白尼特点，所论证的结论直接威胁到宗教神学的基础，这就给了一直对伽利略心怀妒忌、伺机报复的亚里士多德学派的卫道士们一个进行攻击的口实。

如果说过去伽利略的发明和实验只是对宗教神学有所冒犯的话，那还都是一些不甚明了的事情，比萨斜塔的实验只不过是证明了亚里士多德的一个结论的错误，打破了人们对亚里士多德的迷信；望远镜的发明也不过是向人们提供了一个进行天文观测的工具，从客观上为哥白尼日心说的正确性提供了论证。这一切都是在科学实验发明的基础上产生的副产品，只是在客观上对宗教神学构成了威胁，还没鲜明地站出来向宗教神学挑战。

那时向伽利略发难的只是些死死抱着亚里士多德信条不放的大学教授和学者们，他们所能进行的也只是诸如施妖术、行巫法、异教徒等人身攻击和谩骂。

但是，这次大不相同，教会人士亲自出马，他们对伽利略毫不掩饰自己观点的做法十分愤怒，向教会控告伽利略宣传异端邪说，玷污了天主。"祸兮福所倚，福兮祸所伏。"科学研究成就与声望日盛的伽利略从此开始了他多灾多难的与宗教神学顽强斗争的征程。

这年冬季，伽利略接到了罗马教会一位天文学家神甫寄来的信件，邀请他访问罗马教廷。于是，伽利略准备动身前往罗马，将他获得的最新天文学成果展示给教廷和天文学同行。

辉煌的罗马之行

罗马位于意大利半岛南北方向。亚平宁山脉把意大利半岛分成了东、西两部分，亚平宁山脉旁边有一条台伯河，罗马位于台伯河流入地中海的海拔最低 30 公里处。

罗马位于台伯河下游的丘陵平原上，古城居北，新城在南。罗马教廷所在地梵蒂冈位于古城区西北角。罗马古城酷似一座巨型的露天历史博物馆。

在罗马古都遗址上，矗立着帝国元老院、凯旋门、纪功柱、万神殿和大竞技场等世界闻名的古迹，这里还有文艺复兴时期的许多精美的建筑和艺术精品。

罗马是当时意大利的政治、宗教中心，罗马教廷是意大利最有权威的教会组织，教皇在社会上具有最高的地位，拥有绝对无上的权力。

随着伽利略对天文学等方面的研究取得了巨大进展，教会充分认识到伽利略的发现证实了哥白尼的地动和天体运动学说，这是与宗教观点背道而驰的。虽然这期间他们同伽利略也进行过论战，但是并没有占到什么便宜。他们在等待对付伽利略的更好的时机，并开始收集证明伽利略为异端者的材料。

伽利略觉得他有必要去一趟罗马了。他必须获取罗马教会的认可。

罗马学院里的一些教授们已经认可了哥白尼日心说的正确性，所以，现在，他应该听从克拉威乌斯神父的建议亲自拜见教皇和他的主教们，让他们用自己的眼睛去看到伽利略所说的一切。

而且，伽利略这次罗马之行还有一个更重要的目的，就是让罗马教会的权威们知道，并且相信他是一个忠贞的天主教徒。

于是，1611年3月，伽利略起程来到了罗马。

伽利略在1587年，曾经来过罗马。那时，他正处在失业状态，到处找工作，没有心情去欣赏这座城市的风光。

这次来罗马的心情却大不一样，他是托斯卡纳宫廷的首席科学家，又是被教廷学者正式邀请来的。为此，伽利略想，我应当多花些时间来参观一下人人向往的罗马城。

在一个春光灿烂的日子里，伽利略身穿刺绣的长袍，颈上戴着一条科西默大公赠送的纯金项链，在教廷科学家克拉威乌斯神父的陪同下进入罗马城。

伽利略不得不称赞罗马的美丽和富丽堂皇，触目即是教堂、雕塑和喷泉，罗马是以这"三多"而闻名的。

伽利略看了遍布城市各地的教堂。有圣彼得大教堂、圣约翰大教堂、圣保罗大教堂、圣玛丽大教堂，还有阿涅塞教堂、圣考司坦萨教堂等。这些教堂的建筑风格，都显得古朴典雅、雄伟壮观。

伽利略还看到了数不清的雕刻。有圆柱广场大理石上的浮雕、教堂建筑物上的米开朗基罗雕刻的裸体群像，以及街头巷尾、房前屋顶各式各样的雕刻，使伽利略大开眼界。

伽利略参观市容之后，参加了教廷主办的欢迎宴，会上会见了红衣大主教贝拉明和学识渊博的大主教巴伯瑞德。

贝拉明和巴伯瑞德是罗马教廷中两位举足轻重的学者，他们都曾经发表过谴责伽利略的文章，对伽利略观测星空的几项发现很有看法。

当他们听了伽利略的讲演，用伽利略带来的望远镜观测了星空，看到了月亮上确实有山脉、木星有 4 颗卫星、金星有盈亏之后，都对伽利略改变了看法，表达了友好、敬佩之情。

主教们和伽利略一起进行了天文科学的讨论，他们都伸出友谊之手，答应给予伽利略支持，虽然其中有的人并没有读过《星辰使者》，但是由于受巴伯瑞德主教的影响，对这本书也多有赞扬。

更让伽利略感到振奋的是，罗马教皇保罗五世亲自接见了他。虽然场面并不是很隆重和热闹，但这位世界上最有权势的教皇却对伽利略表现出了一些关爱。他询问了这位当时世界上最有智慧的人的生活和近来的研究情况。

保罗五世很聪明，他并不直接干涉科学方面的事情，而是把这些交给职位不是很高但学识渊博的官员去处理。

伽利略很欣赏这种处理科学问题的方法。这次罗马之行，伽利略并没有感到科学对他的新发现的任何排斥的迹象。

伽利略在罗马期间，外国使节、豪门贵族和著名学者纷纷宴请他。

在宴会上，伽利略旁征博引，左右逢源，谈笑风生，诙谐幽默，使罗马上层社会看到了来自佛罗伦萨的博学多才的宫廷首席科学家的真实面貌。

在所有这些宴会中，罗马贵族塞西公爵家的宴会令伽利略终生难忘。塞西公爵拿出窖藏几十年的美酒，摆上丰盛的佳肴，请来罗马市内有权有势的贵宾，宴请伽利略。

塞西公爵兴趣很浓，说他邀请的是一位在茫茫宇宙当中不断发现新星的伟大科学家，以前有个叫作哥伦布的乘船发现了新大陆，今天伽利略用他的"宝杖"发现了月亮上的山脉。

发现美第奇星群，发现了金星的盈亏，发现了太阳黑子，大家都为伽利略而感到骄傲。他称伽利略发明的望远镜为"宝杖"。

"宝杖"一词不禁让伽利略内心欢欣鼓舞。只有国王才有宝杖啊！现在伽利略也有了"宝杖"。他也是国王，他的王国是天空。

当时，罗马有一个由著名学者组成的著名教会学院——罗马山猫学院。他们主要研讨数学、天文学等学术问题，负责集资、公开演讲、赞助出版学术著作等，在欧洲影响很大，也很有声望。

山猫学院听说伽利略来到罗马的消息后，就邀请伽利略加入他们的学院。

伽利略很高兴地接受了邀请，并引以为荣。这个学院到1630年因赞助人去世、会员流散而随之解体。

但是，在伽利略加入期间的1611年，罗马山猫学院显得很活跃，在欧洲学术界也很有影响。

最后的岁月

真理不在蒙满灰尘的权威著作中，而在宇宙、自然界这
部伟大的无字书中。

—— 伽利略

受到教廷的处罚

回到佛罗伦萨的伽利略，继续投入到了他的研究当中。

一次，萨尔维阿蒂请伽利略去参加一个关于流体静力学的"凝缩"与"稀释"问题的讨论会，这是亚里士多德学派和原子论者之间古已有之的一个基本问题的争论。

伽利略在讨论会上说，冰块之所以能浮在水面上，是因为冰比水轻，而与冰的形状毫无关系。伽利略把冰称为"稀释的水"，并作出了令人惊讶的结论："热胀冷缩是一般物质都要遵守的原理，但是，水是仅有的例外。"

比萨的一位哲学教授格拉兹里立刻表示反对，他说："冰不是稀释的水，而是凝缩的水。它能浮在水面上，是冰的形状使然，而不是冰比水轻，水也是绝对遵守热胀冷缩原理的。这是古希腊大科学家亚里士多德关于流体静力学的观点，也是人人都知道的常识。"

关于物质的比重和水的浮力问题，伽利略在 25 年前在家自学时就进行过研究，并认真读了古希腊数学家阿基米德关于浮力定律的著作。曾经制成一架测定比重的秤，把物体浸入水中时用来测量它们的比重。因此，关于浮冰的话题，伽利略始终坚持自己的观点。

伽利略因为这件事情又遭到了拥戴亚里士多德理论的哲学家们的憎恨。而且，他们采取了一些非科学争论的手段来制服对手。

格拉兹里把自己和伽利略之间的这场争论告诉了朋友科隆贝，因为伽利略曾经批评和反驳过科隆贝的"科学"见解，一次是他撰写了一本关于新星的书，伽利略评论他的书是凭空想象，没有仔细观测过星空的实际情况，毫无价值。另一次是他发表了一篇文章，说月亮上没有山和谷，而是表面上有一层光滑的晶体。这一观点，也被伽利略驳得无话可说。

因而，科隆贝一直对此心存芥蒂、耿耿于怀。这次，他要向伽利略发起"进攻"了。

科隆贝用乌木做了两件东西，一件是乌木薄片，另一件是乌木球。当他把这两件东西同时放在水面上的时候，两件东西有了不一样的反应。乌木球迅速下沉了，而乌木薄片却浮在水面上。科隆贝挑衅般地声称："伽利略先生老是自以为是，让他看到我的实验，他将如何解释呢？我的实验充分说明了伽利略的观点是错误的。实际上，形状才是漂浮的原因，而且是唯一的原因。"

科西默大公知道伽利略卷入了这场争论后，认为伽利略不是一般的科学家而是宫廷科学家，觉得这件事情有损宫廷的威望，于是，他召见伽利略，劝他不必与他们展开公开争论，而把自己的观点整理一下写成一本书，以便就浮体问题说服那些持不同观点的学者。

于是，伽利略整理资料写了一本《关于水中浮沉性质的对话》。

书中肯定了阿基米德的浮体定律的正确性，即固体物质的漂浮取决于物体的比重，而不取决于它的形状。伽利略请读者作一个小实验，把一个蜡球浸入纯水中，球自然沉入水底，再把纯水变成一定比重的盐水，蜡球就会漂浮在水面上。这就证明，物体的密度只有小于某种液体，这种物体才会漂浮在这种液体之上。

至于科隆贝的乌木实验，伽利略说，乌木的密度显然比水大。乌木板之所以能浮在水面上，是因为木板是处于水面上的一个空穴之中，如果将乌木板用力按入水中，必然和乌木球一样下沉。

这本书在1612年出版以后，立即被抢购一空。

许多读者在开始的时候都觉得伽利略的说法有些违背"常识"，但读了这本书之后，尤其是按照伽利略设计的实验亲手操作之后，人们开始信服伽利略的观点了。

因为有了浮体之争，不被人们重视的流体静力学的研究逐渐火热起来，很快就有了进一步的发展。

但是，仍有一些哲学家不顾事实，也出了一本书来长篇大论地攻击伽利略。凡是伽利略说的话，他们一律加以驳斥，大有不彻底打倒伽利略誓不罢休的架势。

令伽利略感到不安的是这些攻击者中逐渐有了科学家的参与。

科隆贝教授在浮体之争中败下阵来以后很不服气。过去他曾经被伽利略批评羞辱过两次，加上这一次，更使他怀恨在心。他想，在物理学方面找出破绽攻击伽利略似乎很困难，不如把矛头指向天文学，揭露伽利略在星空观测方面与《圣经》的矛盾，引起教会的关注，这样，伽利略的日子恐怕就不会好过了。

1613 年，托斯卡纳宫廷举办晚宴，招待一些著名的学者和科学家。伽利略因故没有出席，在宴席当中，科隆贝告诉了科西默二世的母亲克丽丝蒂娜，近几年来伽利略散布地球围着太阳运转的邪说。这种邪说不但违背《圣经》的教义，而且还想把 1000 多年来亚里士多德的"地心说"推翻，这件事情非常严重。

克丽丝蒂娜 10 多年前就认识伽利略，她认为伽利略很聪明，博学多才，憨厚又实在。自从伽利略赠送给科西默王子一架望远镜之后，她曾多次用望远镜观看远处的海岛、月亮上的山脉和 4 颗美第奇星群。她很欣赏伽利略教授这些新奇的发现，但没想到这些发现还会与《圣经》有矛盾。

克丽丝蒂娜拿不准伽利略是否散布了邪说，于是在宴席散后询问了伽利略的一位学生。

这位学生，告诉克丽丝蒂娜，伽利略教授主张的天文学说，与《圣经》并不矛盾。天文学是认识宇宙和上帝的科学，《圣经》也是用来认识宇宙和上帝的，但它是神学，它们是通往宇宙和上帝的两条大道。有了天文学才能确定《圣经》所描述的内容是否真实可信，它

们是相辅相成、缺一不可的两种学说。

伽利略知道这件事情后，为了申明自己的观点，向攻击他的学者们进行反击，他精心撰写了一篇文章，以《致卡斯特利的信》为标题，公开发表。后来又将这篇文章充实、润色改写成《致克丽丝蒂娜的信》后正式出版发行。

在这篇文章里，伽利略认为，由于科学所从事的是观察、测量某些控制自然现象的一般条件，而宗教则完全沉浸于道德和美学价值的玄思中，科学可以看见宗教看不见的东西，而宗教的教义当然也有科学没有涉及的内容。双方不仅没有矛盾、冲突，而且可以相互补充，携起手来，达到认识宇宙的共同目的。

伽利略的这封公开信，不仅说服了托斯卡纳大公科西默二世和他的母亲克丽丝蒂娜，而且也说服了宫廷中对伽利略的天文学说持怀疑和反对态度的一些人。

就在这一年，德国耶稣教会教士沙伊纳写了一本关于太阳黑子的书，他把这本书寄给了德国奥格斯堡的史学家威塞尔。随即，威塞尔以阿佩尔斯为笔名发表了沙伊纳的书，他还送了一本书给伽利略。

伽利略看了这本书后非常生气。无耻的沙伊纳居然声称自己是第一个发现太阳黑子的人。而且，他还用亚里士多德的学说来解释太阳黑子，说二者是相互融合、相互支持的。

伽利略捍卫真理的决心是坚定的，在掌握了确凿的观察数据之后，他写了3封《关于太阳黑子的信》，在林赛学会的赞助下，于1613年在罗马结集出版了。在林赛学会的一再坚持下，伽利略在前言中声明他对太阳黑子的发现拥有优先权。

其实，伽利略对这一声明并不喜欢，因为在他发现黑子的时候，据说英法等国家也有学者注意到了太阳黑子的存在，伽利略关心的只是学术问题，而不是优先权归谁所有，他不希望因为这个问题而节外生枝，又引起争吵。

伽利略在《关于太阳黑子的信》的附录里依然大胆而明确地宣称他相信并支持哥白尼的观点。

伽利略的这次公开表态使他成为"众矢之的"。敌对势力立刻聚集起来，打着《圣经》神圣不可侵犯的幌子，形成了反对伽利略的强大势力，向伽利略再次发起了挑战。

有一个名叫卡西尼的修士，他得到了一份伽利略《致卡斯特利的信》的手抄本。他转抄了一份，改动了几处，把它秘密送交佛罗伦萨教会。

就在这时，罗马教会对伽利略也不像 1611 年时那样热情了，他们已经开始监视伽利略的一举一动。

1614 年 12 月，卡西尼来到佛罗伦萨的一所教堂布道，公开指责伽利略的信徒们，他宣称："哥白尼的学说是不符合天主教信仰的，因为它的许多地方与《圣经》相违背，因此是异端邪说。"

1615 年 3 月 20 日，卡西尼又秘密来到罗马，向宗教裁判所递交告密书，他在告密书中写道："我向神圣法庭报告，伽利略提出了从神学角度看是与教父们解释的《圣经》相矛盾的观点。他认为地球每天自转一周，而太阳是静止不动的。"

伽利略很快就知道有人向罗马宗教法庭密告他的消息，他的心中很不安。伽利略自以为是一个极虔诚的教徒，在宗教法庭的红衣主教会议上，伽利略的信被宣读了。他觉得应该说服教廷和一些学者，为他的天体研究留下一块自由空间，而不必受教廷的束缚。

于是，伽利略给他的朋友红衣大主教贝拉明发了信，询问教廷的态度，并求得他的帮助。罗马教廷的克拉威乌斯神父已于 1612 年去世，伽利略失去了一位能够帮助他、替他说话的人。

如今，只能依靠贝拉明了。红衣大主教贝拉明回信说，教皇保罗五世接到密告之后很生气，下令由宗教法庭调查他的一些学术观点，决定要教训一下伽利略。希望伽利略能到罗马来一趟，面见教皇，或许能使矛盾缓和一些。

于是，1615年12月，伽利略第三次去了罗马。

伽利略到罗马拜见教廷中的几位重要的红衣大主教，让他们了解科隆贝集团和洛里尼修士对他的攻击是毫无道理的。他对天体的观测、拥护哥白尼的日心说和《圣经》的教义并非是不能并存的。

伽利略在罗马活动了两个月，他从早到晚，积极地游说，从教廷到市民凡是他遇见的人，都被他说服了。但教皇保罗五世始终没有接见他。

1616年2月24日，宗教裁判所宣布了两条禁令：第一，禁止宣扬太阳是宇宙的中心，而且纹丝不动；第二，禁止宣扬地球既不是宇宙的中心，也不是不动的，而是在做整体和周期的运动。

这两条很清楚地告诉伽利略，地球环绕太阳运行的观点是愚蠢而荒谬的，从哲学上和形式上看都属于异端邪说，因为这种观点与《圣经》的教义相抵触。希望伽利略放弃他的观点。如果他坚持，教廷就要干预。今后希望伽利略可以用数学假设的形式来观测天体，不必为哥白尼的观点公开辩护。

为科学著书立说

在佛罗伦萨南郊的一座小山上有一幢白色宫殿式二层小楼。登上二楼平台可以俯瞰佛罗伦萨城。楼下是一个约 3 米见方的小花园，院子里种有奇花异草，中间是一条用石子铺成的小路。

这就是阿圣翠山庄别墅，是伽利略从帕多瓦回到佛罗伦萨后，科西默大公赐给他的住宅。

伽利略在罗马受到教廷的警告，闷闷不乐地回到佛罗伦萨阿圣翠山庄。

在这里，伽利略每天白天看看书、种植花草，到了夜间就继续观测星空，研究金星、木星和水星的运行周期变化，生活过得十分平静。

这一年，伽利略 52 岁。母亲已经去世，只有他一个人和仆人在一起生活，很是孤独。他的两个女儿先后被送入了修道院。

伽利略迁居佛罗伦萨，两个女儿离开自己的母亲，改由伽利略的母亲照管。

伽利略的母亲原来就不能容忍儿子这桩未经教堂仪式净化的婚姻，而现在随着岁月增长，她变得更加专制、跋扈，动不动就发脾气，使人不堪忍受。

这两个非婚生而又缺乏嫁妆的女儿不能指望出嫁，唯一的出路就是进修道院。伽利略希望女儿们进佛罗伦萨的修道院，他不想和女儿们完全分离。

法令规定姐妹俩不许进同一个修道院，修道院不接受 16 岁以下的姑娘。而伽利略的两个女儿小的只有 10 岁，大的也才 11 岁。

伽利略为了女儿能进修道院，以剥夺教职相威胁，才迫使女修道院长同意预留两个名额。

两年后，1613 年秋，姐妹俩就以见习女修士的名义进入了佛罗伦萨的圣马特圣方济女修道院。圣马特圣方济女修道院位于佛罗伦萨郊区。

小女儿丽薇与父亲的关系似乎不那么亲密，每次她见到伽利略，总是简单地打声招呼，然后就会借口有事而离开。

长女赛莱斯特和父亲的感情很好，经常陪父亲聊聊天，安慰父亲。

伽利略对两个女儿当修女，心情很复杂。她们终身为修女，决心把一切交给主，使他很放心。

然而，她们的青春年华这样白白逝去，他心里很不安。

所以，他常常去嘘寒问暖，给她们送些食品，自己也算得到些许慰藉。

弟弟米盖在慕尼黑安了家，娶了一个德国妻子，有了一儿一女。他们一家四口常常到阿圣翠山庄住些时日。

弟弟的儿子在花园里胡闹，把伽利略最喜欢的几颗花几乎是连根拔起，而弟弟的女儿的好奇心也让伽利略心惊胆战，她会在伽利略外出的时候，趁机把他的书房搞得一塌糊涂。弟弟的佣人坚持在厨房里做外国菜，把伽利略的管家气走了。

伽利略想和弟媳沟通一下，制止这种可怕的破坏，可是语言不通，伽利略只会讲意大利语，而弟媳只会讲德语。

伽利略无可奈何，便只好常常外出，到离家不远的修道院去看两个女儿。

这个时候，伽利略才想到有个家庭多么重要，若是没有了两个女儿在身边，他不知道将如何去度过这段艰难的日子。

1614 年，伽利略住在一位威尼斯朋友萨尔维阿蒂的豪华别墅里。后来萨尔维阿蒂过世，他便在贝罗斯纳多附近租了一处住房。

仆人们把粮食、水果、鲜花从贝罗斯纳多送到阿切特里，又把修补过的伽利略的衬衣和修道院酿制的蜜饯从阿切特里送到贝罗斯纳多，而书信则在两地相互传递。

小女儿身体不好，没有同父亲通信。大女儿赛莱斯特的书信中有少数几处谈到了她，说她的面容苍白、饮食不好。赛莱斯特在修道院的药房和医院里工作，还负责粮食供应。她一有时间就给父亲写信谈自己的日常生活，并帮助父亲缝补衣服。

除此以外，她还充当父亲的有实无名的秘书，帮父亲从文献上摘录一些资料，一切就绪后，仆人就把这位少女用清秀笔迹写给伽利略的信和别人给伽利略的信，以及她的详细的报告和短札带回贝罗斯纳多。

伽利略也常常给赛莱斯特写信，有时天天都写。赛莱斯特则是有时间就回信。

1623 年 8 月，赛莱斯特写道：

> 我细心保存着您写给我的书信，一有空闲，我就拿出来一读再读。这是我最大的快乐。您可以想象，当我读着那些卓越人物写给您的信，看到他们对您怀着那么大的敬意时，我是多么高兴！

伽利略这位大思想家在科学探索达到顶峰之时的 9 年内写给他的长女玛丽娅·赛莱斯特的书信，是他的内心世界里最有价值的信息来源。

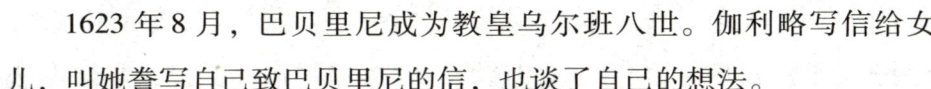

1623 年 8 月，巴贝里尼成为教皇乌尔班八世。伽利略写信给女儿，叫她誊写自己致巴贝里尼的信，也谈了自己的想法。

玛丽娅·赛莱斯特劝他立刻去见教皇。伽利略却解释这样做有困难。

赛莱斯特在一次信里抱怨自己不懂修道院外的情况。其他信件有的谈到修女的伙食不好；有的谈到送到贝罗斯纳多的蜜饯水果是从修道院花园中采摘来的；有的谈到忠诚的女儿为伽利略浆洗的衬衣；有的还诉说妹妹身体不好，有的更担心父亲的健康状况，因为这些年和以后的时期，伽利略一直有病在身；有的还抱怨长期的离别之苦。这些内容在书信中交替出现。

1623 年秋，伽利略准备动身去罗马。他和塞西亲王通信，希望他改变对哥白尼学说的看法。伽利略顺便把自己的愿望告诉长女赛莱斯特，并把从罗马来的几封赞成他的学说的信寄给女儿看。

赛莱斯特看信后立即给她父亲回信：

父亲，您能够想象得到，读了您给我的信后，我是多么愉快啊！您把这些老爷先生们的赞美之词告诉我，这是爱的又一次表现，它使我满心欢喜。

可您说最近将起程去罗马，这使我的心情又有些沉重，因为这意味着，我又会在很长时间内看不到您。当我说，除了您以外，再没有什么人能给我安慰时，您的仁慈可以使您相信我的话是诚实的。

不过，我不会因为您的远行而感到忧愁和烦恼，因为如果这样做，等于我对您高兴的事表示不满。因此，我恳求上帝赐福于您，祝您旅途平安，身体健康，然后心满意足地回来。

1623 年 11 月，赛莱斯特写信给父亲，希望父亲把刚刚出版的《试金天平》送她一本，她很想读它。赛莱斯特接着又说，寒潮突然袭来，她担心它会伤害父亲的健康，因此，特意写信，盼望父亲把健康状况和动身去罗马的时间告诉她。

她还说，她已帮父亲缝制好桌上的餐巾，另外还缺少点材料，请给她捎来。信里还谈到住在院里的妹妹的生活情况。赛莱斯特在修道院里没有单独的卧室。一位女伴迪阿曼塔撇开原有的姐妹和她同住一室。不过这间房子非常冷，而且她又常常头痛，所以她不知道如果父亲不给予帮助、不把他眼下不用的帐子送给她，她怎能在那儿住下去。

她觉得自己身体不好，但已经习以为常，所以不求父亲更大的关注。只是妹妹还在医院接受医生治疗。

赛莱斯特送给父亲自己在几天前烤制的一些食品，她希望在父亲动身之前，能够收到这些礼物。

只是，去罗马的日期还没有到，赛莱斯特担心这些烤制品会变得不好吃。信末，她请父亲把那件衬衣的小领子交给她修补。

伽利略接到信后要女儿告诉他，修道院需要什么东西，他好在罗马设法买回来。

赛莱斯特在 1623 年 12 月 10 日的信中说：

前几天您写的那封信，给我很大的鼓舞，我原以为能再见面时直接回答您的问题。可是由于天气不好您没能前来，我只好写这封信表达我的想法。

首先我对您的慷慨的援助表示感谢。我已同院长及几位教母谈过，她们对您的提议也非常感激。但她们经过商议，决定把请您买什么的问题让大主教拿主意。而大主教却答复说，对这个如此贫穷的修道院来说，最明智的办法是请求施舍物资。

当时我同一位修女谈过这件事。我认为这位修女是判断健全的。她从修道院的福祉着想，建议我求您办一桩对我们有益，而您又不难办到的事情，这就是请求至尊的教皇陛下让我们有权从任何一个僧团中选择自己的忏悔牧师，三年一换。别的修道院基本上就是这样做的，我们希望也能像他们一样。

赛莱斯特还在信中说，附近一些教会中的牧师有很多是无知识的、自私自利的和粗鲁不堪的人，他们总是千方百计地欺压女修士和女见习修士。

这封信本来同伽利略的日常生活无关，但它能让人了解17世纪意大利社会生活的一点真实情况。

从1623年秋季起，伽利略就想去罗马。他期待着在重新开始的斗争中获得成功。但因患病，无法在1624年4月以前抵达罗马。他起程后顺道在阿克瓦斯帕尔特拜访了塞西亲王，然后前往罗马。

他在罗马待了两个月。两个月间他拜访教皇乌尔班八世不下6次，每次都作了长谈。

教皇待他非常客气，还答应给他儿子发助学金，并写信把他介绍给托斯卡纳大公科西默二世的继承人费迪南二世。

教皇对伽利略的评价非常高，教皇说：

伽利略不仅科学功勋卓著，而且还笃信宗教。他有着很多优异品质，我愿意颁赐一张荣誉证书，证明他德行高洁并虔信宗教。

此时，罗马教廷对待太阳中心说仍然坚持原先的立场。但枢机主教告诉伽利略，说乌尔班八世曾同他谈过，教会斥责哥白尼学说是受它考虑不周的迷误，而不算是异端邪说；还有消息说马捷奥·巴贝里尼对 1616 年 3 月 5 日的教令持否定看法。伽利略希望在马捷奥·巴贝里尼成为乌尔班八世后，他可以保持传言中的这种观点。

伽利略回到佛罗伦萨后，怀着巨大的希望开始着手写《致英戈利的信》，并继续准备写未来的《对话》。

在 1625 年，他常常到圣马太修道院去，但从 1625 年年末到 1626 年年初整个冬季他不曾去看过自己的女儿们，其原因可能是写书工作很紧张。

赛莱斯特在书信中抱怨自己的生活孤寂，诉说父爱渐渐消失。但很快又恢复了昔日的关系。信里面隐隐约约地流露出很谨慎的，甚至不算抱怨的微嗔，而谈修道院里寒冷、生病、伙食不好的话也不时出现。

赛莱斯特有一次问父亲：贝罗斯纳多的鸡店里有没有老母鸡出售，因为有 20 个生病的修女需要喝鸡汤。

伽利略埋怨过他的弟弟米盖，说他是一个不成才的音乐师，他因家庭负担重，常常要求哥哥援助。后来他索性把妻子克拉拉连同孩子、保姆一概全部送到哥哥家里。所有这些事情都记载在赛莱斯特的书信里，其中甚至还记着为每一位亲属准备盛圣诞节礼物的篮子。

伽利略家里住的亲属太多，自然影响他的工作，但他是高兴的。后来，他病情加重，米盖领走了他的家人。伽利略却不得不替侄儿清还欠款，并听取别人对他这个侄儿的抱怨。

伽利略的儿子文森佐后来也离开母亲来到父亲身边。他本来在罗马已得到了助学金，但由于他不愿穿长袍，所以教会就不发给他奖学金。这笔奖学金最后转归于伽利略的侄儿名下。可他的侄子不愿待在罗马，很快又回到佛罗伦萨，仍住在伯伯家里。

1628 年，伽利略的儿子也回到了佛罗伦萨。他常常去修道院看姐姐，其实是去同赛莱斯特的一个女伴的小妹妹会面，最后两人喜结良缘。从赛莱斯特的书信中可以看出，伽利略和她为此事操了许多心。文森佐婚后夫妻两人都住在父亲家里。

1629 年 3 月，赛莱斯特给父亲写了一封信，信中谈起了文森佐的妻子。

我很喜欢新娘的殷勤态度，也喜欢她脸上的红色斑点。不过最大的喜悦还是看到她对您的敬爱之情。据此，我们可以肯定她将怀着十足的责任感从内心里充分关怀您。这种关怀和责任感，是我们都乐于奉献给您的。

1631 年春，在赛莱斯特的劝说下，伽利略搬到了修道院附近的阿切特里来住。新居位于修道院旁边，是属于马尔捷里尼先生的一栋别墅。此后，父女俩可以天天见面了。

在家中度过一段近乎于隐居的生活之后，伽利略那颗热爱科学的心又不安分了起来。

他发现，自己的生命和天文观测以及天文研究已经紧紧地联系在了一起，他无法舍弃自己心爱的事业。

不久之后，伽利略决定继续观测和研究。

伽利略原本打算测量地球的经度，这自然是一个耗时耗资的庞大计划，仅凭个人的力量是无法完成的。

因此，伽利略详细地写了一份计划报告书，呈给斐迪南二世大公。

斐迪南二世大公对这个计划虽然很感兴趣，但是宫廷里面没有这

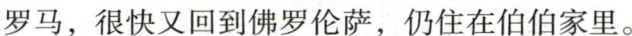

伽利略·最后的岁月

笔经费，就把这个计划转给了西班牙政府，西班牙政府对此表示兴趣不大。

伽利略很是失落，最后决定写一本天文学方面的著作，全面宣传自己的天文学观点。

早在1618年秋，天空出现了3颗彗星，引起了天文学家的兴趣。伽利略因为身体不适，没有精力观测。

意大利数学家格拉西进行了观测，并写了一本论彗星的书。

书中说，彗星是一种"类行星"，在某个行星轨道上产生、毁灭，望远镜的观察并不可靠，因为它的放大特性会造成一种视觉上的假象。

此时的伽利略对学术争论已少了兴趣，但一些神学家们却是紧紧抓住他的过去死死不放，他不得不进行反击。

为此，伽利略专门写了《试金者》一书，阐述了彗星理论，回击那些反对者。

在这本书中，伽利略巧妙地维护和坚持了自己和哥白尼的观点，从表面上看，伽利略似乎已经服从了教廷的告诫，还批判了哥白尼学说，但仔细一读，就会明白，伽利略批判的并不是哥白尼学说，而是有人对待这一学说的武断专横、颐指气使的态度。

这场争论持续了好几年，伽利略感到实在没有多大意义，就率先退出了争论的圈子。

1621年的一天，伽利略正在家中整理有关资料，为他要写的一部天文学的著作做准备，新继任的托斯卡纳大公斐迪南二世派人送来一份信函，说是科西默二世去世了。

伽利略知道科西默二世这段时期病得很严重，不久前已卧床不起，他还曾去看过他几次，但是伽利略没有想到，科西默二世这么快就去世了。

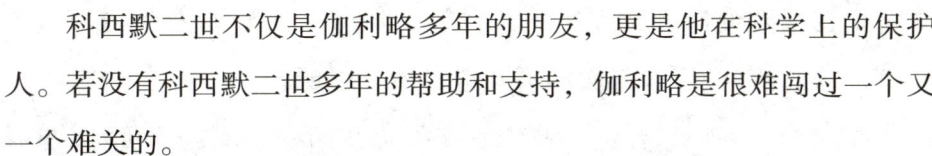

科西默二世不仅是伽利略多年的朋友，更是他在科学上的保护人。若没有科西默二世多年的帮助和支持，伽利略是很难闯过一个又一个难关的。

如今，科西默二世的去世，让伽利略感觉到自己失去了一位在科学上的得力保护人。

但是过了不久，从罗马又传来了一个消息，老教皇保罗五世病死，他朋友巴贝里尼红衣大主教当上了新教皇，称为乌尔班八世，成为天主教世界新的主宰者。

乌尔班八世思想自由，对科学很感兴趣，对学术研究很热衷，伽利略觉得，这次他的天文观测和天文研究可以放心大胆开展而不需要顾及那些条条框框了。

伽利略高兴得不得了，他逢人便说，巴贝里尼是他的知音，是他进行物理、天体等科学研究的同行和好友，曾多次支持和保护过他。

在这期间，伽利略曾告诉乌尔班八世他还想著书立说时，乌尔班八世告诉伽利略必须将哥白尼的地动说作为一个假说来写，否则会有麻烦的。必须把赞成或者是反对这种假说的理由说充分，最后得出太阳绕地球转这个结论。

伽利略回到佛罗伦萨之后，谢绝一切应酬，一门心思撰写自己的著作。

伽利略从 1624 年动笔，到 1630 年写完，断断续续写了 6 年时间。书名叫《关于托勒密和哥白尼两大世界体系的对话》。

这部书伽利略 1597 年在比萨时就想动笔，那时他写信给开普勒，讲到了详细论证太阳中心说。1610 年他在给贝利札里奥·温塔的信里也谈到了此事，他说我目前必须做完的一桩事，首先是写两卷《论宇宙结构的两大体系》，它中间充满着哲学、大文学和几何学的庞大构思。

他在《致英哥里的信》的末尾曾提到《对话》原先命名为《关于潮汐的对话》，后来因教廷不同意，才改用现名。

在《对话》中，他的一些未发表的论文如《论加速运动》《星辰使者》《关于太阳黑子的信》《致英哥里的信》以及其他一些他在30年间所写的主要著作，有时是大段大段一字不动地引用，有时是加以改写后引用。当然，引用上去的都是他的主要思想。

这部书给读者留下了逻辑非常严整和辞藻十分华丽的印象。这两个特点都使这部书在后代天文学家心目中认为带有几分古色古香的性质。他们觉得严整性是略去若干主要争论问题的结果。

实际上，伽利略既没有阐述《天文学大全》中所谈的托勒密体系，也没有阐述《天体运行论》中所谈的哥白尼体系，更没有阐述许多评论和讨论过的问题的内容。他阐述的只是地球一昼夜间的自转和它绕着太阳的公转。

伽利略从自己的任务中把与行星运动的实际不平衡有关的一切都避而不谈。

在他看来，太阳中心说体系具有非常重大的优越性，因为它消除了不平衡性。就这个意义说，伽利略落后于开普勒，甚至落后于自己的微分天文学，以及纯粹属于柏拉图，亚里士多德圆周运动概念的本轮体系，只有圆周运动绕着太阳进行这一新的宇宙图景。

这部书的中心内容是以世界上新发现的科学成就为依据，批判了亚里士多德、托勒密的地球中心说和宗教的唯心主义世界观，论述和发展了哥白尼的日心说理论。

在《对话》中，伽利略假托三人四天对话的形式，这是西方一直很流行的，与柏拉图的对话和后来的《十日谈》非常相似。

两个高贵而机智的贵族是沙格列陀和萨尔维阿蒂，"以纯粹的沉思而不以快乐的追求为最大乐事"。

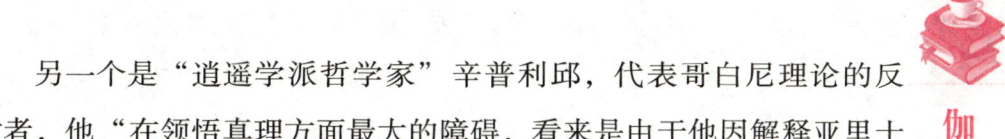

另一个是"逍遥学派哲学家"辛普利邱，代表哥白尼理论的反对者，他"在领悟真理方面最大的障碍，看来是由于他因解释亚里士多德而获得的声誉"。

表面上看，伽利略只是记录3人的谈话，似乎不偏不倚，但实际上他总是让辛普利邱理屈词穷。这样他就在实际上宣传并支持了哥白尼学说。

《关于托勒密和哥白尼两大世界体系的对话》回避了那些比较复杂的问题，比如木星的蚀，专就一系列能够向公众解释清楚的问题展开。书中对于每一个问题，都循循善诱，步步推进，使读者能够心服口服，而且真正明白。

他的这部书所针对的读者要比专业的天文学家和数学家广泛得多。首先它是用意大利语写成的，并采用日常谈话的对话体，而且论证删繁就简，通俗易懂。他只讨论两种世界体系，即托勒密体系和哥白尼体系，而对一些大同小异的体系则略而不谈。这个体系把哥白尼的理论大大推进了一步，为专业天文学家和数学家提供了支持日心说的强有力证据。

因为这本书，伽利略被后人称为"近代科学之父"，但也因为这本书，伽利略受到罗马宗教法庭的审判。

受到了教廷审判

伽利略在《对话》前言中说，他只把地动说当作一种假说，但是，眼明的人一眼就会看出伽利略是多么热爱他的学说。

于是，伽利略的敌人向教皇乌尔班八世证明，《对话》是对神圣教会的致命威胁，它对教会来说，比新教的路德和加尔文更可怕。

甚至有人对教皇说，《对话》的书中有教皇的影子，伽利略在书中放肆地把科学权威和教会权威对立起来。他们还找出一些例句以证明伽利略对教皇的不恭敬。

伽利略的敌人太多了，又有一些人把1616年那份贝拉明没有签名的记录找出来给乌尔班八世看，这份文件上写得很清楚，上任教皇禁止伽利略讨论哥白尼的学说。

乌尔班八世被激怒了，他认为伽利略在有意欺骗和侮辱他。

1632年9月的一天，伽利略正在家中处理来自全国各地的来信，所有的来信都是索求伽利略的《对话》一书的。但是，此时《对话》早已是销售一空，加上上个月罗马教廷已下令不准再印刷，伽利略不得不给每个来信者回信解释，表示道歉。

这天中午，一个陌生人来到伽利略的家中。伽利略起初以为是向他索取《对话》这本书的，因为自从《对话》出版以后，登门求书的认识和不认识的人有很多，所以眼前的这个陌生人伽利略也并没有多加注意。

没有想到这个陌生人，坐在椅子上，慢条斯理地说道："伽利略先生，我不是来买书的，我是罗马教会派来的，有人已告到教皇那里，说你散布异端邪说，反对教会。教皇非常生气，已下令把你的书列为禁书，我奉命而来，收缴你剩余的所有书籍。"

伽利略这才意识到，问题不是那样的简单，也不仅仅是将《对话》列为禁书就能解决的。

伽利略对陌生人说："先生，很抱歉，我现在一本也没有了。"

但是，陌生人满脸全是狐疑，说道："伽利略先生，我是奉罗马教会之命来找你的，你若不把书交出来，我只能回去如实汇报了。"

伽利略感觉这个陌生人的话语中，有种带有威胁的意味，于是非常愤怒，并且义正词严地告诉陌生人，他手里一本书也没有了。

陌生人看到伽利略生气了，于是说了一些客气话就匆匆离开了。

但是，不到一个月，伽利略的家中又来了一个陌生人。这个人对伽利略说道："我是罗马教会派来的，他们提出想见见你，并且要求你本月底之前到罗马去。"

第二天，伽利略来到宫廷，向新托斯卡纳大公斐迪南二世诉说了他的《对话》一书出版后惹出了麻烦，受到了罗马教会的严厉谴责。

斐迪南二世下令，由佛罗伦萨驻罗马大使尼科利尼去罗马教廷了解事情的真相。

过了数日，尼科利尼回函禀报说：

据教廷内部人员透露，教廷的几位红衣大主教曾多次召开会议，研讨伽利略教授的《对话》一书，认为该书表面上好像是批判哥白尼的学术观点，而内容的实质是拥护哥白尼的地动日静说，反对、批驳托勒密的地静日动说。伽利略教授的这些观点确实激怒了新教皇。乌尔班八世认为，伽利略违背了1616年上任教皇禁止伽利略宣扬哥白尼学说的禁令。说伽利略是有意与教廷的权威挑战，是对教皇的侮辱和欺骗。

9月4日，乌尔班八世给尼科利尼大使发来一封公函：

> 贵国学者伽利略，他的《对话》是对《圣经》的侮辱和挑战。最严重，也最危险的是：他书中的观点最终目的是要推翻教廷，打倒教皇，引起社会的骚乱！

托斯卡纳大公看到教皇的公函，知道了事情的严重性。于是继续派尼科利尼大使从中斡旋，在教皇尚未给伽利略定罪之前，希望对伽利略手下留情。

尼科利尼大使通过各种渠道，与教廷的几位红衣大主教接触，请他们帮忙，劝说教皇网开一面，对伽利略从轻处罚，并准备亲自拜见教皇，转达托斯卡纳宫廷和美第奇家族希望宽恕伽利略的愿望。

这个时候，伽利略给贝拉明主教写信，他在信中写道："亲爱的贝拉明主教，你可能已经知道了罗马发生了一些关于对我不利的事情，我不知是什么原因，最近一段时间有两个自称是罗马教会派来的人对我进行威胁，我不知道是你的意思，还是教皇的意思。不过，我隐隐感觉将会发生对我不利的事情，我远离罗马，不知详情。烦请你替我探听一些有关的情况，并在适当的时机替我说上两句，我将万分感动。"

贝拉明收到伽利略的来信后，联系了几个伽利略以前的朋友，前往教廷，打探情况。并且向教皇进言，说此事肯定有误会，伽利略对教皇那么崇敬，怎么可能在书中恶意地丑化、讽刺、嘲笑教皇呢？

教皇告诉贝拉明，伽利略确实是个人才，也是意大利优秀的科学家，但是他不能容忍伽利略对教皇进行侮辱，那样是大逆不道的，所以，他将下令传伽利略来罗马，接受审讯，将一切都解释清楚。

不久，乌尔班八世派人给尼科利尼大使捎来口谕说："教廷不管伽利略是著名科学家或者是美第奇家族的后裔，只要违背了教规就要给予惩罚。伽利略维护的地动日静说 16 年前就受到了警告。如今他出版《对话》，继续散布这一非常有害的观点。他已经卷入了一桩麻烦的案件，势态十分危险。请大使先生转告斐迪南二世大公，问题比他设想的要严重得多。请佛罗伦萨当局也要严加管教伽利略，不应当再让他去毒害他的学生和到处传授异端邪说。"

至此，尼科利尼大使的斡旋已经到了山穷水尽的地步。

1632 年 9 月 30 日，罗马宗教法庭向佛罗伦萨教会下达一项命令。

宗教法庭责成佛罗伦萨教会通知伽利略，请他务必于本年 10 月末以前迅速来到罗马，听候法庭的调查与审讯。

贝拉明见教皇主意已定，而且态度坚定，知道无法再劝，于是告诉教皇，伽利略已是近七旬的老人了，而且听说近期身体不太好，从佛罗伦萨到罗马路途遥远，如果下令立刻就到来的话，很可能就会死在路上。

教皇听了贝拉明等人的劝说后，指示罗马教廷命佛罗伦萨教会首领派医生前往伽利略的家，察看伽利略的病情，并且将有关情况报告罗马。

医生给伽利略检查了身体，他对伽利略说："以你目前的身体状况，你不能去罗马，否则，你可能会毙命在途中。"

伽利略在威尼斯的一些朋友，听到了这件事情，纷纷来信要求伽利略去威尼斯。他们告诉伽利略，听说罗马教廷要把伽利略投入监狱，这是一件非常残酷的事情，让伽利略千万不要去罗马，并且最好到威尼斯来，因为那里不怕教会，教会也不能把伽利略怎么样，在那里他们还可以继续帮助伽利略出版他的著作。

伽利略对威尼斯朋友们的帮助，非常感谢，他在回信中说："谢谢诸位的盛情，我不能去威尼斯，我必须去罗马，我要向教皇解释这一切，我还要在罗马出售我的著作。"

几名医生会诊，将伽利略目前不能去罗马的结果承报给了罗马宗教法庭，希望能够延期审判。

可是伽利略心里明白，如果他不去罗马，宗教裁判所就可以对他进行肆无忌惮的宣判，他将更加危险。于是，伽利略决定动身前往罗马。

1632 年 10 月，佛罗伦萨阴雨连绵，秋风瑟瑟。临近伽利略去罗马的日子，他的膝关节炎越发严重，连下地走路都十分困难。城内几位名医给他看过之后，劝他推迟去罗马的时间，如果这样到了罗马，恐怕两条腿就要瘫痪了。

因为病情严重，伽利略休养了一段时间。在此期间，他的心中一直很是不安，他想尽早地赶到罗马，向教皇将一切都解释清楚。

托斯康大公见伽利略的身体依旧虚弱，于是专门派了一名宫廷医生随伽利略一同赶往罗马。

伽利略的马车在泥泞的路上走了 3 个星期才来到罗马近郊。恰好罗马郊区一带瘟疫猖獗，不准外人随便进城，伽利略领着仆人住在郊外等候疫情检查。

检查人员得知伽利略是托斯康大公的人，很客气地招待了伽利略，并且还给他们准备了午餐。

1633 年 2 月，伽利略在佛罗伦萨驻罗马大使尼科利尼的帮助下，终于进入了罗马城，准备住在佛罗伦萨驻罗马大使馆内，等候审讯。这是伽利略第五次来到罗马。

刚直不阿的佛罗伦萨外交官尼克利尼不顾众人的反对，亲自去迎接伽利略。他把伽利略安置在他曾经住过的舒适、温暖的房间里，并且亲自为伽利略安排饮食。在尼克利尼的照顾下，伽利略的身体状况比以前好多了，之前惊恐和惶惑也慢慢平静下来，他开始考虑法庭将会怎样审讯他，他该如何回答，他一再提醒自己，万万不可陷入敌人

的陷阱里去。

1633 年 3 月 11 日，按照宗教裁判所的规定，伽利略由仆人搀扶被关进米涅尔修道院，隔离起来。这里是宗教法庭准备开庭审讯犯人的拘留所。

在进入米涅尔修道院之前，尼科利尼大使语重心长地告诉伽利略，一定要保持清晰的头脑，勇敢地为自己辩护。这不仅是为了伽利略自己，也是为了佛罗伦萨公国，为了美第奇家族的名誉，更是为了科学事业的发展和许多热爱、支持伽利略的学生和朋友，所以，伽利略一定要争取无罪释放，早日回到佛罗伦萨。

1633 年 4 月 12 日，罗马宗教法庭正式开庭。

宗教法庭的审判庭设在圣玛利亚修道院大厅内。这座修道院位于罗马市中心，是一幢古旧的灰色大理石建筑，门窗与墙壁残破不堪，大厅内潮湿阴暗。

厅内正中有一排黑色的大桌子，桌子后面坐着 10 位法官。他们都是红衣大主教。在 10 位法官中间，有 3 位身穿黑袍的法官，是庭长和副庭长。他们的表情异常严峻。

审判团是由教皇的侄子艾弗·巴帕里尼主教领导的一个专门小组组成。

伽利略是由仆人搀扶着慢慢进入厅内的。穿黑袍的庭长见伽利略身体十分虚弱，让人搬了一把椅子放在厅中间，让他坐下。

伽利略感到背后升起一股寒气，这是真正的"以一当十"，伽利略身边没有一个朋友，他要一个人去面对十个"异端"法庭的法官，伽利略感到从未有过的紧张和痛苦。可是，当他看见法官身后那高悬的十字架时，他的心稍稍宽慰了一些，上帝会保佑他的，伽利略静静地等待着法官的审问。

穿黑袍的庭长手举一本伽利略的著作《对话》，用拉丁文提出问题："这是你写的著作吗?"

伽利略抬头看一下，说道："是的，是我写的著作。"

"你为什么要写这本书？这本书的内容是什么？"法官继续询问着。

"这是我多年来进行宇宙科学研究的心得，写出来供搞科学研究的人们参考，或者留给后人批判评说。只是假借托勒密和哥白尼两位科学家的对话，说明宇宙中的一些科学现象。"

"你是否应允过检查人员的要求，在书的'前言'里要确保每个读者不会误认为他在替哥白尼辩护？"红衣主教继续问着。

"是的，我已修改过我的'前言'。"

"那么为什么'前言'和书体印刷不一致呢？是否以此来表示'前言'与本书无关？"

伽利略说："'前言'的几页手稿在罗马检查人的手中扣得太久，所以取回来的时候，全书已经印好。这部分是补印的，所以字体上有所差异。"

接着，庭长又问了一个伽利略没有想到的问题："你过去来过罗马几次？都是哪一年，每次来罗马的目的是什么？"

伽利略感觉身体疲惫，头晕目眩，他竭尽全力克制身体的不适，回答道："第一次是1587年来罗马寻找工作；第二次是1615年4月间来罗马，研制天文望远镜并发现了美第奇群星；第三次是1615年10月间来罗马，因为发表了有关天体的著作而前来罗马接受教廷的处罚；第四次是在1624年来罗马参加新教皇的登基典礼。"

红衣大主教，又询问了伽利略1615年第三次来罗马受到处罚的事情。这个问题，问得很尖锐。伽利略在1615年曾经出版过《星辰使者》一书，并在罗马公开拥护过哥白尼的学说，如果承认了这一点，对自己很不利。

伽利略说："那是1616年2月的事，贝拉明主教告诉我，由于哥白尼的观点与《圣经》相抵触，所以不能坚持其他学说，也不能为他辩护，但可以把它当作假说来讨论。我有贝拉明主教在 1616 年 5 月 26 日写的保证书，这是贝拉明主教亲笔所写。"

伽利略说着从怀中掏出了贝拉明主教当年出具的保证书。

检察官们检验了物证，确实是贝拉明主教亲笔所写。

法官们又问伽利略，在这一生中都出版了哪些作品，这些作品的主要观点是什么？

伽利略沉思一阵，缓缓地说道："我这一辈子写了不少书，大多数都忘却了。只记得写过《论运动》《星辰使者》《致克丽丝蒂娜的信》《关于太阳黑子的信》《尝试者》和《关于托勒密和哥白尼两大世界体系的对话》等。"

至于这些作品的主要观点，伽利略难以回答，他知道这些书大多数都是拥护哥白尼学说的，如果承认是拥护哥白尼学说，必定要处于十分被动的境地。然而不承认，那些书都在明摆着，其观点世人皆知。

考虑了一会儿，伽利略说道："虽然有倾向哥白尼的观点，但只是一种科学假说，与《圣经》的教义并不矛盾。我那些书中的观点都是探讨天上星球是怎么回事的一种假说而已。"

但是，法官们认为伽利略只是说一些托词而已。

第二天、第三天审讯继续进行。在这期间，法官们还对伽利略施行了一种叫"维利亚"的严酷刑讯。

这是一种连续审讯法，法官们分批审讯，几个小时一换，一次审讯在两天两夜以上，不让伽利略有半刻的休息。

这种审讯对近 70 岁的伽利略来说是很残酷的，他本来就很虚弱的身体，更是支撑不住。

伽利略意识到，如果自己再坚持与教廷对抗下去，等待自己的将是更严格的惩罚，甚至有可能会像布鲁诺那样被烧死在罗马鲜花广场。

伽利略此时，已经精疲力竭，精神与肉体不堪折磨。于是，怀着矛盾的心理，在1633年6月22日，伽利略终于在忏悔书上签字认罪。

伽利略强打精神接过法庭早就写好的"忏悔书"，念了起来：

我叫伽利略·伽利雷，已故文森西奥·伽利雷之子。比萨城人，现年69岁。我站在法庭面前，向你们、基督教共和国尊贵的红衣主教阁下下跪，眼望我亲手捧着的福音书宣誓，我永远信仰并在上帝帮助下将来继续信仰神圣天主教和使徒的教会包含、传播和教导的一切。因为贵神圣法庭早就对我做过正当的劝诫，以使我抛弃认为太阳是世界的中心静止不动的伪学，不得坚持和维护它，不得以任何口头或书面形式教授这种伪科学，但我却撰写并出版了叙述这一受到谴责的学说的书，虽然没有得出最后的结论，却引用了对它有利的证据，因此我被确认为有严重的异端嫌疑，也就是我认为并相信太阳似乎是宇宙的中心且静止不动，而地球不是中心并且运动着。

因此，我希望您们，尊贵的红衣主教阁下的思想中以及从一切真正的天主教徒的头脑中排除这种理所当然会形成的对我的嫌疑，并诚心诚意地抛弃、诅咒和憎恨上述异端、谬误或不符合神圣的教会的宗派。

我宣誓无论口头上还是书面上永远不再议论和讨论会引起对我恢复这种嫌疑的任何东西，而当我听到有谁受异端迷惑或有异端嫌疑时，我保证一定向贵神圣法庭或宗教裁判员或距离最近的主教报告。此外，我宣誓并保证尊重和严格执行贵神圣法庭已经或将要对我作出的一切惩罚。

如我违反这些话、口供、宣誓和保证中的任何一点，我将受到神圣的教规及其他一般的和个别的法典规定对此种罪行所处的一切惩罚和感化手段。愿主和我亲手捧着主的福音书帮助我这样做。

　　我，名叫伽利略·伽利雷，抛弃、悔过并承担责任如上所述。附上我逐字逐句大声宣读的抛弃词以资证明。

1633 年 6 月 22 日于罗马米涅尔修道院

当伽利略用颤抖的手在认罪的书上签字的时候，嘴里还在喃喃地说道："反正，地球还是在动的。"

判决书先列举了伽利略的种种罪名："伽利略认为太阳是世界的中心而且是静止的，大地是昼夜运动等许多谬论是真实的，还加以宣传。关于这种说法你与某些德国数学家通过信，发表过名为《关于太阳黑子的信》的文字等，并且还宣传了根据哥白尼的假定，反对《圣经》的真正精神和权威的各种原理。"

根据这些罪状，最后宣布了对伽利略的判决：

我们确定、判断并宣布你，伽利略，由于在上述过程中被证明的和你所确认的情况，本法庭认为你有重大的异端嫌疑，就是，你信仰并遵守错误的、和《圣经》相矛盾的学说，说什么太阳是大地轨道的中心，不是由东往西运行，大地在运动而且不是世界的中心。因此在这种情形下你应受由神圣的宗教法规和其他一般的和个别的法典规定的一切惩戒和处罚。只有放弃上述错误和邪说，同样地放弃反对天主和使徒的教会的其他一切，在我们的面前真心诚意地按照给你指定的程式拒绝、诅咒、痛恨错误和邪说，我们才允许你免受此刑。

　　但为了处分你这种严重和有害的错误和罪过，以及为了你今后更加审慎和给其他人做个榜样，我们宣布，用公开的命令禁止伽利略的异端邪说；判处暂时把你正式关进监狱，我们勒令你在 3 年内每周读七篇忏悔圣歌一次，作为使你得救的忏悔。我们保留对上述惩罚减轻、变更或完全地和部分地取消忏悔的权力。

　　1633 年 6 月 23 日以来，这长达 3 个多月的审判结束了，近代实验科学家的创始人因此而下狱。这是科学史上的悲剧，也是人类的悲剧。

悲伤中失去爱女

　　伽利略被判处监禁之后，被投入罗马监狱。狱卒赶走了伽利略的仆人，将伽利略关在一间只有 4 平方米的黑屋子里，墙上只有碗口大的一个小洞能透进一点亮光。伽利略只能坐在一堆乱草上睡觉，室内放着屎尿桶，臭气熏得伽利略不断地恶心呕吐。

　　宗教法庭将伽利略投入监狱之后，为了宣扬教廷的威严，起到杀一儆百的作用，把对伽利略的判决书和伽利略本人的忏悔书印发到所有教会国家。

　　同时，教廷还派专人去佛罗伦萨，在大教堂召开会议，向教徒和伽利略的亲友宣读判决书和忏悔书。一时间，欧洲各国和意大利各地都知道伽利略是一个拥护哥白尼、宣扬地动日静说的罪人。

　　伽利略被判入狱的消息传出后，在意大利引起了强烈的反响。佛罗伦萨、比萨、威尼斯和罗马等地的科学家们闻讯后，纷纷致信罗马教廷，请求从轻处置伽利略。

　　在罗马，以贝拉明主教为首的宗教界人士也纷纷活动，他们上书罗马教皇，请求罗马教皇看在伽利略为意大利科学界带来很高荣誉的面上，从轻发落。

　　在佛罗伦萨，斐迪南二世听说伽利略被判入狱的消息后，在和其他几位宫廷科学家商量后，决定亲自前往罗马，为伽利略求情。

　　1633 年 7 月初，斐迪南二世来到罗马，教皇亲自接见。斐迪南二世以伽利略年事已高而且为意大利的科学发展作过贡献为由，请求教皇从轻处罚伽利略。

　　因为有很多人一起向教皇求情，乌尔班八世认为维护自己权威的目的已经达到，于是就格外开恩，命令宗教法庭宣布，准许伽利略离开罗马监狱，到佛罗伦萨南方的锡耶纳市大主教彼可罗米尼家软禁，由彼可罗米尼实行监管。在监管期间，不准伽利略会见任何人，不准发表任何著作，每天要背诵7篇忏悔诗。

大主教的住宅十分豪华舒适，加之大主教府从上至下的每一个人都把伽利略视为贵宾。因而，伽利略在这里得到了很好的照顾。

而且，彼可罗米尼还在精神上拯救着伽利略，当他得知伽利略早先有计划写一部关于运动学的著作的时候，他鼓励伽利略把精力重新转移到运动学的研究上。这种鼓励对伽利略来说，有如枯木逢春、久旱逢雨，滋润了伽利略已如死灰的心灵。

彼可罗米尼表面上向教皇保证严加管教伽利略，可是暗中却气愤地说："伽利略教授被判刑是不公正的，宗教法庭是判处一个维护科学真理的学者，从此，意大利将不会再有人敢于去进行新的科学研究。"

在彼可罗米尼大主教的帮助下，伽利略还得到家中来的信息。自从伽利略去罗马受审后，阿圣翠山庄的事务由大女儿赛莱斯特照料。她虽然身患重病，但她已从修道院搬到山庄来住，精心饲养伽利略的母驴、鸽子，种植园内的果树、菜地。秋天，水果和蚕豆都获得了丰收。

赛莱斯特还写来一封信，安慰父亲说："我要告诉您，我们这儿全体长官和修女听说您已经到了锡耶纳，大家都很高兴。不要说你的名字已从诗人的词典里消失了，因为事实并非如此。你的名字无论是在你的祖国，还是在世界其他各国都是不可磨灭的。而且在我看来，如果你的名誉和声望一时受到损害，那么不久你就会享有更高的声誉。"

从这可以看出，赛莱斯特的信对伽利略是多么的自信和骄傲。这对伽利略来说也是很大的安慰。伽利略也为自己拥有这样一个通情达理的女儿而感到高兴。

伽利略看了女儿的书信后，更加增强了回故乡佛罗伦萨的愿望，他的女儿在信中也期待着父亲的回来，她在信中写道：

> 父亲，您知道吗，您的驴子在您走了以后都发起了脾气，它不准任何人去骑它，鸽笼里的两只小鸽子也已经长大了，等着您回来享用。菜园里的蚕豆结着饱满的果实，等着您回来摘，还有您的塔楼，因为长期没有您和它做伴而悲伤着，它也等您早日回来。
>
> 您在罗马的时候，我就在心里祈祷着："但愿父亲能到锡耶纳来，那就太好了！"而现在，您已经如我所愿，到了锡耶纳，那么我又在祈祷："但愿父亲能回到阿圣翠山庄该多好呀。"愿上帝赐福我们！

女儿赛莱斯特的信，只是安慰年迈可怜的父亲，没有想到她的话几年后就被证实了，说得完全正确。

为了能够回到家乡，伽利略不得不再次给斐迪南二世写信，请求他的帮助。

终于在斐迪南二世和其他几位颇有地位的人的努力下，伽利略在锡耶纳市被软禁5个月。乌尔班八世听说伽利略在彼可罗米尼大主教的监管下，对自己的"罪行"认识深刻，每天认真读忏悔诗，态度非常好，就责令宗教法庭准许他回到阿圣翠山庄软禁。条件是，由当地教会监管，不准随便外出，只可以去教堂做弥撒，不得在山庄里接待任何客人，不准写文章或发表什么言论。

伽利略将这个好消息告诉了女儿赛莱斯特。但是女儿回信却告诉父亲自己也许等不到父亲回来的那一天了，希望上帝能够恩准她见一次父亲。

此时的赛莱斯特已经是骨瘦如柴，病入膏肓，奄奄一息了。

1633 年 12 月底，在圣诞节过后，彼可罗米尼大主教用一辆暖车将伽利略送回阿圣翠山庄。

当伽利略下了车，挂着手杖一步步登上石阶，看到山庄黑色大门时，心脏突然猛烈跳动起来，他走到门前抚摸着冰冷的门框，看到门内凋零的果树、枯黄的花草和落满灰尘的小路，一股悲苦凄凉感袭上心头。

伽利略担忧女儿的病情，快步走进屋内，来到床前，只见赛莱斯特还躺在床上，脸色灰白，骨瘦如柴。原来美丽清秀的模样已经不见了。

赛莱斯特自从父亲去了罗马之后，每日为他担忧、愁苦不堪，身心受到很大的损害，每天饭菜不思，闷闷不乐，不知道年事已高的父亲会怎么样。

看到女儿憔悴的面容，伽利略心中难过极了，他抚摸着女儿的头，轻声道：

"都是父亲连累了你，是父亲不好。父亲要为你祈祷，主一定会保佑你恢复健康，从此留在父亲的身旁，永远快快乐乐的。"

伽利略说着，已经泪流满面。

伽利略回到家以后，赛莱斯特精神为之一振，能喝一点点米粥，还能下地走动几步。

赛莱斯特苍白的脸上露出了一点点微笑，可是

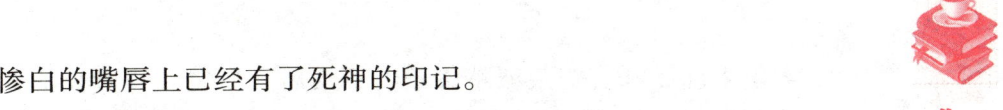

她惨白的嘴唇上已经有了死神的印记。

父女俩轻声谈叙了很多事情，亲情温暖着赛莱斯特。

伽利略的小别墅后面是一片青山，山上有青松，前面是一片草地，院子里有一处葡萄园，葡萄架下是一张石桌，石桌的周围有4个小凳子，环境很是幽雅。

在以前，每到闲暇的时候，伽利略都会来到这里消度时光，喝酒赏月。但是如今，他的闲逸心情早已没有了。

罗马宗教法庭警告他不许离开他的住处。因此，除了每日背诵圣歌外，大多数的时间，伽利略只得在葡萄架下消磨，或者是在屋里漫无目的地踱步，或者是陪着病重的女儿聊天。

每当夜深人静，天上繁星点点的时候，伽利略仰望天空，心中常常隐隐作痛，他尽力克制自己，不要去想太阳、月亮、地球和星星的事情，可以说，罗马法庭给他带来的更大更深的是心灵里的创伤。

无聊的时光，让伽利略心中感觉到难受至极，于是他觉得自己不能再这样让时光白白流逝，他要利用生命的最后一段时间，好好总结一下自己的过去。

因此，伽利略重新动笔，他将青年时期从事物理、数学和研究时的讲义以及笔记找了出来，打算将这些草稿整理成书，以传后人。

伽利略将这本书取名为《关于两门新科学的对话》，依然是以对话的形式，继续进行关于理学的探讨。

这本书对伽利略来说，既是对过去成果的总结，也是对新领域进行的探索。

数学和力学本来就是伽利略最感兴趣的领域，而且正是因为力学在最初给他带来了荣誉，带来了声望，所以，伽利略在写作这部书的时候得心应手，甚至忘记了忧愁、寂寞以及目前的处境。

正当伽利略满怀欣喜进行写作之时，又一突发的事件一下子让伽利略跌入了万丈深渊。

1634 年 4 月 2 日，赛莱斯特终于咽下最后一口气，与世长辞，享年只有 33 岁。

伽利略在风烛残年，刚刚受到教廷的迫害，又突然失去最心爱的女儿。白发人送黑发人，在他未曾痊愈的伤口上又撒了一把盐，他遭受了难以想象的沉重打击，每天都处于沉重的悲伤与痛苦之中。

使伽利略稍加安慰的是，小女儿有时会从修道院来看看他，但丽薇和伽利略的感情淡薄，父女间没有共同语言。

儿子文森佐常常领着妻子和孩子来阿圣翠山庄探望父亲，小住数日。小孙儿的顽皮和活泼，给爷爷带来些许高兴。

正当伽利略的生活逐渐安定下来，心情稍有好转的时候，他突然感到下腹部疼痛难忍，拄着手杖走路都十分困难，叫仆人请来医生瞧看，说是严重的疝气，需要到佛罗伦萨市大医院治疗。

伽利略请教会向罗马教廷提出申请，允许他到佛罗伦萨就医。

教廷拒绝伽利略的这一要求。

从此，伽利略的心情越来越不好，身体越来越虚弱，他甚至想就此了却残生，到天堂去陪伴他心爱的女儿赛莱斯特。

而随着伽利略身体越来越虚弱，他原本就生过病的眼睛也大受影响，视力开始下降。

为科学事业献身

自从女儿赛莱斯特去世之后，伽利略又得了重病，之后又是一度的消沉。

终于熬过了寒冷悲伤的冬季，地中海刮过来的暖风把大地的万紫千红唤醒，伽利略的心情也随着大地回春而渐渐从痛苦中平复过来。

想到与自己最为亲密的女儿赛莱斯特依旧会一阵阵的悲伤，尤其是他回来后看到她形容枯槁的样子，不由让伽利略经常地赞叹，多好的一个孩子，可惜他没有更多地去照顾她。而女儿却是在他最悲观最失落的时候一直在写信安慰着他，鼓励着他。

想到这些，伽利略突然感觉到振奋了起来，为女儿如此地为自己而感到欣慰。

伽利略觉得，自己不能再这样消沉下去了，为了女儿他应该继续努力，直到生命的最后一刻。他想起，在锡耶纳市被软禁时，彼可罗米尼大主教就曾经劝过他，将来有时间可以把物理学方面的研究成果总结一下，汇集成书，为科学事业的发展作出贡献。写出书来，教廷不让出版，但是总有一天会出版的。彼可罗米尼大主教说得对，我不能用望远镜看，但可以拿起笔来写。

于是，伽利略继续自己之前已经开始的《关于两门新科学的对话》工作。

当阿圣翠山庄果园里硕果累累的时候，伽利略陆续接到好几个令人高兴的消息：他在早年撰写的力学论文，汇集成《力学》一书，被译成法文，在法国出版；他的《关于托勒密和哥白尼两大世界体系的对话》一书，被译成拉丁文也在法国出版；他的《尝试者》和《致克丽丝蒂娜的信》两本书，被译成拉丁文，同时在荷兰出版。

这些令人振奋的消息，使伽利略备受鼓舞，加快了《关于两门新科学的对话》的写作速度。

到了1635年年末，《关于两门新科学的对话》的前半部脱稿。伽利略派人联系出版事宜遇到了困难。

罗马教廷向有教会的欧洲国家下令，任何时候都不准出版或再版伽利略的著作以及由他编辑的著作。为此，很多国家的出版商不敢出版《关于两门新科学的对话》一书。

于是，伽利略托朋友将书稿送到了国外。这位朋友是一位力学工程师，他对伽利略的这本书很感兴趣。他在德国和波兰等地奔波数月，也未能找到愿意出版此书的出版商，因为各地教会都担心涉入伽利略案件。

最后，找到的唯一愿意出版伽利略著作的竟然是一位红衣主教，他家里有印刷机，这不能不说是莫大的讽刺。但是正要开工的时候，红衣主教被一场暴病夺去了生命。

有人建议工程师去找荷兰的艾鲍维尔家族，这是荷兰一个很著名的出版家族，他们曾出版过伽利略《关于托勒密和哥白尼两大世界体系的对话》一书的拉丁文译本，在欧洲产生不小的影响。

这位工程师朋友找到艾鲍维尔家族的一个书商时，老板当即表示愿意出版此书。

1637年的春天，伽利略费时3年，终于完成了他的最后一部巨著。1638年，《关于两门新科学的对话》在荷兰的莱顿终于秘密出版。

所谓"两门新科学"，指的是材料强度和运动学。在此书中，伽利略奠定了运动学的基础。特别是，他通过对炮弹从射出炮口到落地的轨迹是一条数学上的抛物线的论证，对于运动在不同方向上的分量，以及这些分量在各种情况下的叠加与合成，给出了完美的解决。

此书被视为近代物理学的基石之一，其处理问题的思路和手法则成为近代科学的典范。所以爱因斯坦说"他就是近代物理学之父——事实上是近代科学之父"。

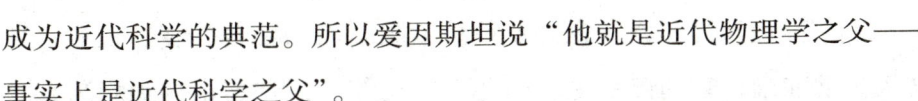

与第一部《对话》相比,《关于两门新科学的对话》中的许多内容要更艰深一些,书中有大量的"定理""命题"和"问题",而且因为那时还没有微积分这样的数学工具,所以伽利略的许多证明只能采用相当烦琐的几何证明。当然,在说服辛普利邱时,他仍然花费了许多篇幅进行通俗解释。

伽利略对于力学的研究,在他的科学活动中占有极为重要的地位,他所建立的摆的定律、惯性定律、落体运动定律,以及对抛体运动的研究和他提出的相对性原理,奠定了动力学的重要基础。以后经牛顿的发展完善,建立了现代经典力学的系统理论。

让人感觉不可思议的是,伽利略费劲九牛二虎之力出版的这本书,却被一些不怀好意的人诬称为走私文稿,他们再一次告到了罗马教廷。

罗马教廷当即组织了调查组,调查这件事情。

罗马教会向伽利略询问此事,伽利略回答说:"这本书的出版我全然不知,我知道的只是有几位科学家曾经看过我的手稿。"

帮助伽利略出版的工程师朋友,也极力证明伽利略的清白,说伽利略对此事件一概不知。

当时,罗马教会正疲于应付敌国的进攻,也就无暇细查伽利略的事情,而且这本书中没有任何违禁之处,这件事也就不了了之了。

然而,不幸还是没有放过伽利略,由于写书劳累过度,伽利略在出书后的几个月就双目失明了。

双目失明的伽利略很痛苦,在这时他的学生卡斯特里来到他的身旁,帮助伽利略做一些力所能及的事情。

卡斯特里是伽利略在比萨大学教书时帮他从事落体实验的优秀学生之一。此时,他已经是比萨大学的著名教授。他对自己老师的遭遇非常同情,所以在伽利略被软禁的一段时间内,经常来看望伽利略。

卡斯特里为伽利略能去佛罗伦萨治眼睛而四处奔波着，最后，罗马教会批准伽利略到佛罗伦萨的儿子家居住，但是禁止伽利略与别人交谈。教会的这种不人道的做法，恰恰说明了对伽利略所代表的真理的恐惧。对一个双目失明的 74 岁老人如临大敌，这让卡斯特里感觉到教廷卑鄙与残忍。

卡斯特里为老师的失明而感到悲痛，他说："大自然中一双高贵的眼睛失明了！这双非凡的眼睛看到了前人从未看到的事物，并为后代打开了一扇宽阔的探索之门。这样了不起的眼睛失明了，怎不叫人悲伤呢！"

伽利略虽然失明了，但是他依然不允许自己庸庸碌碌的生活下去。

他跟儿子说想请一个助手，处理一些信件并照顾他的生活。伽利略还在心里有一个打算，如果有助手，他可以让助手帮他记录一些还没来得及写在纸上的思想，免得它们稍纵即逝，而且，一旦有了助手，他就可以回到阿圣翠山庄了。

伽利略还把他的想法向他的学生卡斯特里说了。卡斯特里很赞同给老师找一个助手，但是，这样的大事，必须通过教廷，没有教廷的批准，任何人都不敢随便来到罪犯伽利略的身边。

1638 年年底，在卡斯特里等人的多次请求下，教廷找到一个年龄只有 16 岁的维之安尼，前来给伽利略当助手。教廷之所以叫一个孩子来到伽利略身边，是利用他年幼无知，容易控制，可以更加严密地监视伽利略。

维之安尼出身贵族，因家道中落，没有完成学业，但他聪明、机敏，爱好科学，十分崇敬有学问的大科学家。

当他被教廷派往伽利略身边充当密探时，心情很复杂。他早就听说过伽利略在比萨斜塔上搞落体实验和用望远镜发现美第奇星群的故事，对伽利略很崇拜，尽管教廷一再交代，他自己却改变不了原先的看法。

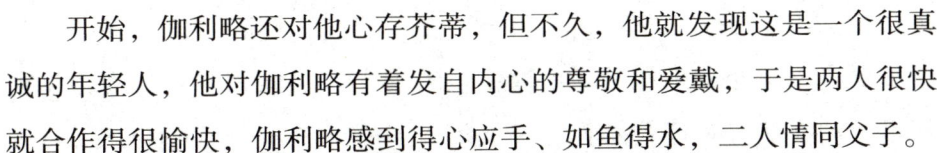

开始，伽利略还对他心存芥蒂，但不久，他就发现这是一个很真诚的年轻人，他对伽利略有着发自内心的尊敬和爱戴，于是两人很快就合作得很愉快，伽利略感到得心应手、如鱼得水，二人情同父子。

1639 年，维之安尼和伽利略在宗教裁判所的应允下，又回了阿圣翠山庄。

伽利略有了助手，又开始了他的科学研究工作。由维之安尼给他读有关资料，进行一些实验的准备工作，起草了一些论文的手稿等。他很少夸奖自己的学生和助手，但他却当着几位来访者，多次夸奖过维之安尼，说他是一名可造就的人。

伽利略对维之安尼一点都没有看错，经过一段学习，维之安尼学问大增，知识面越来越广，成为伽利略最好的学生之一。当伽利略去世后不久，维之安尼冒着教廷迫害的威胁，写了一部长篇的《伽利略传》，宣扬了老师一生的功绩。后来，维之安尼也被佛罗伦萨宫廷聘为数学教授，没有辜负伽利略老师对他的培育和期望。

这也是唯一一部有特殊价值的伽利略的传记。

维之安尼去世后，他保存的伽利略的笔记和书信被人遗忘了。直到 1754 年的一天，佛罗伦萨公共图书馆负责人下班后去市场买肉，回家后，他打开包肉的纸，这才发现包肉纸原来是一张笔记本的一页这才解开了《伽利略传》与伽利略笔记发现的序幕。

伽利略回到阿圣翠山庄以后，不断有人来访，除了往日的朋友、学生之外，最知名的是斐迪南二世。他丝毫不惧怕罗马教廷的淫威，多次前来探望伽利略，称伽利略是托斯卡纳大公国的骄傲，鼓励他继续进行科学研究，为人类造福。

英国著名诗人弥尔顿，到文艺复兴发源地佛罗伦萨访问时，专程来到阿圣翠山庄拜访了伽利略，和他晤谈了一天时间。对伽利略首次用望远镜观测天体，揭开了宇宙的奥秘表示钦佩。他认为，伽利略虽然双目失明了，他却摧毁了人类愚昧的时代，为人类迎来了新的曙光。

还有一位经常来访的是卡斯特里的学生，意大利的著名物理学家托里拆利。他有时还住在阿圣翠山庄，向伽利略学习固体力学知识。在伽利略的帮助下，他将力学的研究扩展到液体和气体领域，并获得发明水银气压计等重大科研成果。托里拆利和维之安尼一起，陪伴伽利略度过他生命的最后一年。

1641年年底，伽利略感到自己就要不久于人世了，于是，他请来公证人，立下遗嘱，把一小笔年薪赠给了二女儿丽薇，他知道女儿并不需要这个，但这至少可以说明他不曾忘记过她，他把一笔为数不少的财产全部给了儿子，他要求死后葬在靠近父母的墓地里。

公证人扶着老人颤抖的手在遗嘱上签字。

1642年1月9日，伽利略在阿圣翠山庄的卧室里，心脏停止了跳动。

就这样，享年78岁，勤奋一生的伟大科学家伽利略，在被罗马宗教法庭判处监禁，监外服刑期间离开了人世。

直到最后，宗教裁判所也没有放松对伽利略的迫害，宗教裁判员企图占有他的文件，不准许把他安葬在教会专用的墓地内。

几百年来，教会始终禁止伽利略的著作，直到1853年，伽利略的著作才同哥白尼、开普勒及其他天文学的最初发现者的著作从禁书目录中删去。

伽利略的结局，不仅仅是他个人生活的悲剧，而且给当时整个科学界都带来了消极的影响。

罗素曾就宗教裁判所对这位伟大学者的审判而造成的后果说：

结束了意大利的科学，科学在意大利历经几个世纪未能复苏。

意大利哲学家安东尼奥·班菲更加沉痛地说：

　　谴责伽利略对意大利的有害后果之一，是使科学丧失了效能，因此，我国文化长期遭受灾难，并且继续遭受着灾难，尤其是在哲学科学领域。

　　伽利略在离开人世之前，还重复着他以往常说的一句话："追求真理需要特殊的勇敢！"

　　是呀！伽利略的一生的确是他的这句话的生动写照。为了追求真理，伽利略做到了这一点。尽管晚年的伽利略曾被迫发表了"忏悔书"，但无论从对科学的执着追求，还是对宗教裁判所的斗争，伽利略都是做到了"特殊的勇敢"。我们在敬佩伽利略为人类所作出的一系列杰出贡献的同时，也非常钦佩他在中世纪那种严酷的环境中仍能同宗教势力进行不屈不挠的斗争的精神。

　　斯大林曾高度评价伽利略，认为伽利略是"不管何等障碍，都能不顾一切而打破旧说、创立新说的巨人之一"。

　　伽利略在科学上的重大贡献之一无疑是将力学确立为一门科学。在他之前，虽然个别有价值的定理被人们发现，并加以证明，但是首先提出力与运动的因果关系，并加以推广的，乃是伽利略。

　　自阿基米德以来，已有研究物体平衡的学科，但对物体运动的研究却是始于伽利略。哥白尼体系的胜利，与伽利略的研究成就是分不开的。假如没有伽利略提出力与运动的概念和它们间的相互关系，牛顿也难窥破天文的奥秘。牛顿的运动三定律是伽利略实验工作的总结。伽利略虽然没有把这些定律写成确定的形式，实际上他已多次应用它们去解决许多力学问题。

　　作为一个非纯粹数学家，伽利略没有达到和他同时代的一些数学家那样的造诣，可是解决实际问题却已引导他进入微分学的基本概念。他所运用的科学方法仍然引导我们进入发明的大道：这方法是以实验为基础的不断总结，并从中抽出基本概念，同时也不断地将理论和实验的各种结果进行相互印证，从而达到完美的统一。

伽利略的另一个杰出功绩还在于，在他以前，人们普遍认为如果不连续施力于物体，物体将会停止运动。而伽利略认为，物体一旦受了力的作用以后，它将永远做匀速直线运动，之所以停止是由于受到了外界的阻力。伽利略还指出了物体在同一时间内不能有两种不同的运动是谬误的。在他以前，人们认为：炮弹或其他抛射体先循直线运动，当冲力用竭之后，它再垂直落下。

可是，伽利略说明了炮弹的轨道是水平向匀速运动与垂直向匀加速运动的综合效应，从而确定几种运动可以综合的原理。反对哥白尼学说的人认为，如果地球在自转，则垂直向上的物体落地之点应该不是抛出时的出发点。可是，伽利略指出，物体接受一个新的冲力，并不干扰它已经接收的其他力量，这叫作伽利略的相对性原理。地面的物体由于都参加了地球自转，因而彼此并不感觉在运动。

伽利略在自然哲学上的贡献，大大冲击了当时控制学术界的经院哲学。经院哲学充满了模糊的观念和玄虚的气氛。例如，认为物体的本性有重与轻，长存与腐朽；运动有自然与凶猛等的区别。

伽利略首先将这些玄虚的语词，从科学词汇中清除出去。伽利略说明重与轻是相对的，一切物体都有重量，即使是看不见的空气也有重量。物体运动是力作用于物体的效果。力可以是间断的也可以是连续的。例如，重力是一种引向地心的连续力，在真空里，物体都以同样的速度坠落。运动的连续性和静止的永恒性都是物体"惯性"的表现。一切物体都会腐朽或者说都会变化。

伽利略最主要贡献在于天文学方面。他研制成了历史上第一架放大倍数达 32 倍的望远镜。他用这架望远镜获得了一系列重大发现：月球表面是凹凸不平的，不像亚里士多德说的那样，天体都是平滑光

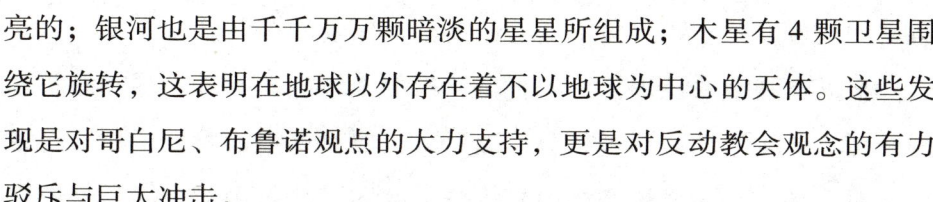

亮的；银河也是由千千万万颗暗淡的星星所组成；木星有 4 颗卫星围绕它旋转，这表明在地球以外存在着不以地球为中心的天体。这些发现是对哥白尼、布鲁诺观点的大力支持，更是对反动教会观念的有力驳斥与巨大冲击。

此外他还留下了伟大的天文学著作《关于托勒密和哥白尼两大世界体系的对话》。在书中他再次支持了哥白尼的观点，给罗马教会又一次强烈的震撼。

伽利略是时代的产儿。因为那时，人们已经开始直接注意自然现象，而不是盲目地沿袭亚里士多德的论调。伽利略适应时代的潮流，并促进了潮流的发展。虽然伽利略在生前遭受事业的挫折和精神的创伤，但由于他对真理的追求、论证的有力、例证的丰富，终于赢得后人的崇敬和赞扬。

终于，在 1979 年 11 月 10 日，罗马教皇也在公共集会上承认 17 世纪 30 年代教廷对伽利略进行审讯是不公正的。1980 年 10 月，教皇又在梵蒂冈举行的世界主教会议上，提出需要重新审理伽利略案，这都说明了伽利略的巨大贡献和对真理与科学的追求已被举世所认可！伽利略也已渐为世人所敬仰！

在科学研究中，伽利略抛弃了迷信权威的观点，依据从经验和实验中得来的事实，并以推理为基础。伽利略反对从前人的著作中去寻求真理。他认为科学的基础在于实验，真正的哲理应该向自然界这部大"书"里去寻求。从这一观点出发，伽利略成为一个自发的唯物主义者。

伽利略认为，每个人都可以阅读这部自然界的大"书"，只要能看懂它的"文字"，而这种文字就是数学。因此，伽利略的方法是：一方面观察和实验，另一方面也要对获得的结果进行数学分析，将二者有机结合起来。伽利略认为，只有那些归结为数量的物质属性才是真正有价值的。他曾说："除了外界物体的大小、形状、数量、质量、运动的快慢以外，我从来不向它们要求任何别的东西。"

根据伽利略的认识论，感觉是认识的开端，而理性的活动是认识的终结。在将感性认识进行分析以后，就要对认识的材料进行理性的加工。于是，经验材料经过检验，分散的知识被集中起来。伽利略进一步认为，既不能简单地描述现象，又不能简单地罗列事实，必须阐明它们之间的因果关系和本质规律。人们掌握了因果关系之后，就能预测未知的现象，因为自然界里一切事物都是服从于严格的因果律的。

开普勒主张物质有本性和属性。伽利略进一步认为，属性不过是观察者主观感觉的印象，与物体的本性迥然相异。物体的大小、形状、动静和所在的空间与时间，均属于本性，而物体的色、声、香、味都只是观察者的某种感觉，是其属性，它们只存在于生物体的感觉之中，如果离开了感觉，那么这一切性质也自然而然地随之而消失了。所以说，伽利略认为认识现象的内在必然性才真正是"知识的最高阶段"。伽利略的思想是与古希腊原子论者的意见基本相符合的。伽利略也接受了物质原子论，并且详细地讨论过由于原子的数目、重量、形式、速度等因素的不同，而可能发生色、声、香、味等的差异。

伽利略无疑是一个天才哲学家，他有着改变人类思想方式的思维和怀疑家的天性，这使他有一套崭新的哲学在怀疑论的基石上建立了一个信仰的神殿。

他用科学的头脑来探求宇宙人生的奥秘。他认为这种思维方式与其归属哲学，还不如归属数学的范畴。他先做了一个科学的假定：任何事物在未经证实其真实性以前，不得认为它是真实的存在着的。

他说："我们应该抱着怀疑的态度去探讨物理学、天文学以至形而上学。我们应该处于绝对客观的地位，既非盲目地相信任何事物，也不武断地否定它们的存在。我们穿过怀疑的门槛进入宇宙人生的秘密宝库。我们在这个宝库里发现了什么？"

"在起初是一无所见，漆黑一团。我们像森林中的迷路人一样，四顾茫然，不知所从。但是我们不要犹豫，我们要带着怀疑的眼光和研究求证的精神勇往直前地去追寻真理。我们的怀疑、研究和求证才是通往真理的康庄大道。"

"我常常反问我自己，在觉醒时，浮现于脑海中的思想和想象为什么会一成不变地时常在梦境中重现呢？它们究竟在哪种情况下出现才算是真实的呢？在思考这个问题的时候，我又发现一个铁的事实，的确有些事物在做思维的活动，这个做思维活动的主体又是什么呢？啊，我明白了！那是我自己。我最后下了一个结论'我想，我存在'。"

伽利略的思想在当时的欧洲是非常可贵的和先进的带有反神学色彩的哲学思想。

他在论证了这个问题后，给了我们一个简单而符合逻辑的答案："我是能够思想的事物和心智。我是一种能思能虑的事物。这种事物不一定要有物质和方位才能存在。这个事物就是我，我就是灵魂。灵魂和躯体不同，没有灵魂我就不能成为我，更谈不上论证和思考一些问题了。"

"我的躯体不存在了，我们的灵魂却依然故我长驻永存。"

经过伽利略的逻辑大门，我们进入了宇宙人生奥秘的宝库。但是这个大门旋转得太快了，使人感到天旋地转，头昏脑涨。我们刚站稳脚跟，从它的"玻璃窗"中偷窥一下自己的本来面目，却又被这个大门旋出宝库之外了。这就是哲学的体性和奥秘。哲学家想把抽象的思想描绘成具体的形象。他的任务是在无边的黑暗中，追寻真理的明灯。

波斯诗人鲁拜说："我们隔着一重轻纱，看不到真理的体象。我们只好暂时谈谈你和我。但是过不多久一切都会烟消云散，还到哪里去找你和我呢？"

除了代表"我"的灵魂以外，我们又从他的透视里看到些什么和如实存在的事物呢？他的回答是：我们的肉体和统御万物的上帝。我们很清楚地看到肉体是具体的物质，灵魂是抽象的精神。

什么是"我"？"我"就是精神和物质的组合物。前者发号施令，处于主动地位；后者运转行动，处于被动地位。如果说前者是机器，那么后者就是操纵机器的技工。这种灵魂和肉体之分在西方哲学系统中称为二元论。那就是说，宇宙万物就其根源而言，可以划分为"心"与"物"或"灵"与"肉"两个单元。

在西方哲学发展中，伽利略的理论具有重要的地位。唯物哲学家托马斯认为，心智是躯体的一部分。他说："我同意伽利略这种看法，人类的躯体像其他生命的身躯一样，只不过是一种自由转动的机器，因此，在不久的将来，人类的生理和心理活动都可以用机械原理解释出来。由此宇宙间绝无所谓灵魂的存在！"

相反的唯心派哲学家贝克莱等则坚持身体是心灵的从属，他否认物质具有相对独立性。因此，伽利略的思想对唯物主义和唯心主义思想都产生了巨大的影响。

伽利略另一个哲学观点是认为人总不能达到尽善尽美。因此每个人都必须不断地去努力，使自己无限接近于完善的境界。这是一种发展的辩证法观点。

可是，他和许多自然科学家一样，并不能自觉地达到唯物主义和辩证法结合。他说："除了自然界那部大'书'之外，还有一部救世的书。前者属于物的真理，须待人们去发现；后者属于灵的真理，是人们所不能发现的。"显然，伽利略的世界观，还未能摆脱时代的局限，但我们不应因其世界观的局限而去否定他的光辉一面，这才是科学地对待前人的态度。

附　录

　　追求真理比占有真理更加难能可贵。追求真理需要特殊的

勇敢！

—— 伽利略

经典故事

❧ 这条河有多宽 ❧

一天，伽利略带着家人郊游，美丽的自然风光使大家心旷神怡，孩子们在花丛中追逐着蝴蝶，不知名的小动物和飞禽发出各种各样声音，吸引着孩子们。

相比之下，林荫小路则略显幽静，文静稳重的大女儿赛莱斯特随着伽利略沿着小路向河边漫步，但出于科学工作者习惯，一些需要解答的问题仍不时闪现在他的脑海中。

伽利略父女不知不觉来到一条河边，奔流的河水挡住了他们的去路。"这条河不知道有多宽，没有桥是过不去的。"大女儿自言自语道。

直到这时，在思考问题的伽利略才被大女儿的声音惊醒，注意到眼前这条河。

这条河水流很急，要想蹚过去是不可能的。伽利略父女观察着这条河周边的情况，没有发现附近有桥梁的迹象。大女儿说："这里要是建造一座桥多好。"

"是啊，孩子，但你知道建桥梁首先要做什么吗？就是勘测河的宽度。"伽利略说。既然过不去河，怎么能知道河的宽度呢？善于思考的伽利略寻求着答案。忽然伽利略一拍手说："有办法了，孩子。"

伽利略发现自己站在河岸边，帽檐儿正好和河的彼岸形成一条线，他向后退步，直到帽檐儿和这边河岸形成一条线为止，然后向大

女儿说道："你可以量一下我站立的位置到河岸的位置，就可以得到河的宽度了。"

◎◎ 一只小狗和一匹马 ◎◎

伽利略总会把复杂问题简单化，深入浅出，比喻形象生动，使人们容易理解。

有一次，伽利略和朋友们讨论力学在建筑工程中的应用，他说："当梁柱的长度减少时，它的强度并不会随之减少。"他时常留心观察周边的事物。

伽利略非常形象地给大家介绍："动物形体尺寸减小时，躯体的强度并不按比例减小。一只小狗也许可以在它背上驮两三只同样大小的狗，但我相信一匹马也许连一匹和它同样大小的马也驮不起来。"

大家都相信这个事实，称赞伽利略用小狗和马的比喻不仅有说服力，而且有趣。

◎◎ 世界上第一个温度计 ◎◎

伽利略偶然发现热水和凉水会随着温度的变化而发生变化，也就是热胀冷缩。他想到："能不能利用水的这种特性制造一种测量温度的仪器呢？"

伽利略如同做其他科学实验一样，急切地要证实自己的想法，他奔向实验室，用一根一端敞口的玻璃管，另一端带有核桃大的玻璃泡。使用时先给玻璃泡加热，然后把玻璃管插入水中。随着温度的变化，玻璃管中的水面就会上下移动，根据移动的多少就可以判定温度的变化和温度的高低。

就这样，世界上第一个温度计诞生了。虽然还有待于完善，但伽利略的理论和方法为人们指明了道路。

家庭生活的贫困，使伽利略不得不提前离开大学。

失学后，伽利略仍旧在家里刻苦钻研数学。由于他的不断努力，在数学的研究中取得了优异的成绩。

同时，他还发明了一种比重秤，写了一篇论文，题目为《固体的重心》。此时，21 岁的伽利略已经名闻全国，人们称他为"当代的阿基米德"。

在伽利略 25 岁那年，比萨大学破例聘他当了数学教授。

年　谱

1564 年 2 月 25 日，伽利略出生于意大利西部的比萨。

1574 年，随父母迁到佛罗伦萨居住，并进入当地的修道院学习神学。

1581 年，完成了修道院学习，并进入比萨大学攻读医学。

1583 年，从教堂摆动的吊灯中获得启示，逐渐悟出钟摆等时性的原理。

1584 年，从比萨大学退学，在家里自学数学。

1585 年，撰写《流体力学》。

1587 年，第一次去罗马访问学习，并获得了一些声誉。

1589 年，被聘为比萨大学的教授，并做了自由落体实验。

1591 年，父亲辞世，离开比萨，前往威尼斯，寻找出路。

1592 年，被帕多瓦大学聘为教授，与甘巴相爱，并在同年发明了绘图仪。

1597 年，支持哥白尼的地动学说的态度有所表露。

1600 年，长女赛莱斯特出生。

1601 年，次女丽薇出生。

1604 年，发现新的星座，并发表了有关此星座的演讲，被当局斥为邪说。

1606 年，儿子文森佐出生。

1609 年，制造望远镜，被聘为帕多瓦大学的终身教授。

1610 年，发现了木星的卫星群，命名为"美第奇星群"。回到佛罗伦萨任宫廷数学顾问，完成《星辰使者》一书。

1611 年，第二次去罗马旅行。

1612 年，开始研究温度计。

1615 年，第三次去罗马，为使人们相信地动说而四处奔波。

1616 年，受教会告诫，放弃地动说。

1624 年，第四次去罗马，教皇乌尔班八世对其礼遇有加，但仍不予以解除禁令。

1628 年，撰写《关于托勒密和哥白尼两大世界体系的对话》一书。

1630 年，《关于托勒密和哥白尼两大世界体系的对话》完成，4月，第五次去罗马为著作申请出版权。

1631 年，《关于托勒密和哥白尼两大世界体系的对话》获准出版。

1632 年，《关于托勒密和哥白尼两大世界体系的对话》正式问世。7月，被禁止出售。

1633 年，在罗马受审，被迫承认所倡为异端邪说，并被判处监禁。

1634 年，长女病逝。

1636 年，从事运动学研究，撰写《关于两门新科学的对话》。

1637 年，《关于两门新科学的对话》完成，双目失明。

1642 年，病逝于佛罗伦萨的阿圣翠山庄，享年 78 岁。

名 言

● 科学不是一个人的事业。

● 勇于探索真理是人的天职。

● 逆境是达到真理的一条通路。

● 为真理而斗争是人生最大的乐趣。

● 世界是一本以数学语言写成的书。

● 真理就是具备这样的力量，你越是想要攻击它，你的攻击就越加充实了和证明了它。

● 给我一个支点，我就能撬起整个地球。

● 真正的哲学是写在那本经常在我们眼前打开着的最伟大的书里面的，这本书就是宇宙，就是自然界本身，人们必须去读它。

● 当科学家们被权势吓倒，科学就会变成一个软骨病人。

● 追求科学需要特殊的勇敢。

● 真理不在蒙满灰尘的权威著作中，而是在宇宙、自然界这部伟大的无字之书中。

● 昨天不能唤回来，明天还不确实，而能确有把握的就是今天。今日一天，当明日两天。

● 浪费别人的时间是谋财害命，浪费自己的时间则等于是慢性自杀。

●为寻求真理的努力所付出的代价，总是比不担风险地占有它要高昂得多。

●一切推理都必须从观察与实验中得来。

●越是接近真理，便愈加发现真理的迷人。

●教育是艰险的工作，我们只能从旁协助，使教育的对象能自悟而已。

●当我历数了人类在艺术上和文学上所发明的那许多神妙的创造，然后再回顾一下我的知识，我觉得自己简直是浅陋至极。

●科学的唯一目的是减轻人类生存的苦难，科学家应为大多数人着想。

●与其夸大胡说，不如宣布那个聪明的、智巧的、谦逊的警句：我不知道。

●错误经不起失败，但是真理却不怕失败。

●生命如铁砧，愈被敲打，愈能发出火花。

●追求科学，需要有特殊的勇敢，思考是人类最大的快乐。

●你无法教别人任何东西，你只能帮助别人发现一些东西。

●科学的每一项巨大成就，都是以大胆的幻想为出发点的。

●人们还往往把真理和错误混在一起去教人，而坚持的却是错误。

●我们只愿在真理的圣坛之前低头，不愿在一切物质的权威之前拜倒。

●只要再多走一小步，仿佛是向同一方向迈的一小步，真理会变成错误。

●今天应做的事没有做，明天再早也是耽误了。

●把活着的每一天看作生命的最后一天。

●完成工作的方法，是爱惜每一分钟。

●凡在小事上对真理持轻率态度的人，在大事上也是不可信任的。

图书在版编目（CIP）数据

伽利略 / 许杰编著. —北京:中国社会出版社,2012.9
(2022.6 重印)
（世界名人非常之路）
ISBN 978 - 7 - 5087 - 4138 - 3

Ⅰ.①伽… Ⅱ.①许… Ⅲ.①伽利略,G.（1564~1642）-
生平事迹 Ⅳ.①K835.466.1

中国版本图书馆 CIP 数据核字（2012）第 201168 号

出 版 人：浦善新		策划编辑：侯　钰	
责任编辑：侯　钰		封面设计：张　莉	

出版发行：中国社会出版社　　　　　地　　　址：北京市西城区二龙路甲 33 号
邮政编码：100032　　　　　　　　　编 辑 部：(010)58124867
网　　址：shcbs.mca.gov.cn　　　　发 行 部：(010)58124866
经　　销：各地新华书店

印刷装订：北京华创印务有限公司　　开　　本：170mm×240mm 1/16
印　　张：13　　　　　　　　　　　字　　数：200 千字
版　　次：2012 年 9 月第 1 版　　　印　　次：2022 年 6 月第 4 次印刷
定　　价：49.80 元

中国社会出版社微信公众号　　　　　　　中国社会出版社天猫旗舰店